U0528624

百喻经

中国佛学经典宝藏

88

屠友祥 释译

星云大师总监修

人民东方出版传媒

东方出版社

图书在版编目（CIP）数据

百喻经/屠友祥 释译.—北京：东方出版社，2020.3
（中国佛学经典宝藏）
ISBN 978-7-5060-8550-2

Ⅰ.①百…　Ⅱ.①屠…　Ⅲ.①佛经②《百喻经》—注释③《百喻经》—译文　Ⅳ.① B942.1

中国版本图书馆 CIP 数据核字（2015）第 250782 号

本书中文简体字版权由上海大觉文化传播有限公司独家授权出版
中文简体字版专有权属东方出版社

百 喻 经
（BAIYU JING）

释 译 者：	屠友祥
责任编辑：	王梦楠　杨　灿
出　　版：	东方出版社
发　　行：	人民东方出版传媒有限公司
地　　址：	北京市朝阳区西坝河北里 51 号
邮　　编：	100028
印　　刷：	北京大兴县新魏印刷厂
版　　次：	2020 年 3 月第 1 版
印　　次：	2020 年 3 月第 1 次印刷
开　　本：	880 毫米 ×1230 毫米　1/32
印　　张：	10
字　　数：	146 千字
书　　号：	ISBN 978-7-5060-8550-2
定　　价：	55.00 元

发行电话：（010）85924663　85924644　85924641

版权所有，违者必究
如有印装质量问题，我社负责调换，请拨打电话：（010）85924602　85924603

《中国佛学经典宝藏》
大陆简体字版编审委员会

主任委员：赖永海

委　　员：（以姓氏笔画为序）

    王月清　王邦维　王志远　王雷泉

    业露华　许剑秋　吴根友　陈永革

    徐小跃　龚　隽　彭明哲　葛兆光

    董　群　程恭让　鲁彼德　温金玉

    潘少平　潘桂明　魏道儒

总序

自读首楞严,从此不尝人间糟糠味;
认识华严经,方知已是佛法富贵人。

诚然,佛教三藏十二部经有如暗夜之灯炬、苦海之宝筏,为人生带来光明与幸福,古德这首诗偈可说一语道尽行者阅藏慕道、顶戴感恩的心情!可惜佛教经典因为卷帙浩瀚、古文艰涩,常使忙碌的现代人有义理远隔、望而生畏之憾,因此多少年来,我一直想编纂一套白话佛典,以使法雨均沾,普利十方。

一九九一年,这个心愿总算有了眉目。是年,佛光山在中国大陆广州市召开"白话佛经编纂会议",将该套丛书定名为《中国佛教经典宝藏》①。后来几经集思广

---

① 编者注:《中国佛教经典宝藏》丛书,大陆出版时改为《中国佛学经典宝藏》丛书。

益，大家决定其所呈现的风格应该具备下列四项要点：

一、启发思想：全套《中国佛教经典宝藏》共计百余册，依大乘、小乘、禅、净、密等性质编号排序，所选经典均具三点特色：

1. 历史意义的深远性
2. 中国文化的影响性
3. 人间佛教的理念性

二、通顺易懂：每册书均设有原典、注释、译文等单元，其中文句铺排力求流畅通顺，遣词用字力求深入浅出，期使读者能一目了然，契入妙谛。

三、文简意赅：以专章解析每部经的全貌，并且搜罗重要的章句，介绍该经的精神所在，俾使读者对每部经义都能透彻了解，并且免于以偏概全之谬误。

四、雅俗共赏：《中国佛教经典宝藏》虽是白话佛典，但亦兼具通俗文艺与学术价值，以达到雅俗共赏、三根普被的效果，所以每册书均以题解、源流、解说等章节，阐述经文的时代背景、影响价值及在佛教历史和思想演变上的地位角色。

兹值佛光山开山三十周年，诸方贤圣齐来庆祝，历经五载、集二百余人心血结晶的百余册《中国佛教经典宝藏》也于此时隆重推出，可谓意义非凡，论其成就，则有四点可与大家共同分享：

一、**佛教史上的开创之举**：民国以来的白话佛经翻译虽然很多，但都是法师或居士个人的开示讲稿或零星的研究心得，由于缺乏整体性的计划，读者也不易窥探佛法之堂奥。有鉴于此，《中国佛教经典宝藏》丛书突破窠臼，将古来经律论中之重要著作，做有系统的整理，为佛典翻译史写下新页！

二、**杰出学者的集体创作**：《中国佛教经典宝藏》丛书结合中国大陆北京、南京各地名校的百位教授、学者通力撰稿，其中博士学位者占百分之八十，其他均拥有硕士学位，在当今出版界各种读物中难得一见。

三、**两岸佛学的交流互动**：《中国佛教经典宝藏》撰述大部分由大陆饱学能文之教授负责，并搜录台湾教界大德和居士们的论著，借此衔接两岸佛学，使有互动的因缘。编审部分则由台湾和大陆学有专精之学者从事，不仅对中国大陆研究佛学风气具有带动启发之作用，对于台海两岸佛学交流更是帮助良多。

四、**白话佛典的精华集萃**：《中国佛教经典宝藏》将佛典里具有思想性、启发性、教育性、人间性的章节做重点式的集萃整理，有别于坊间一般"照本翻译"的白话佛典，使读者能充分享受"深入经藏，智慧如海"的法喜。

今《中国佛教经典宝藏》付梓在即，吾欣然为之作序，并借此感谢慈惠、依空等人百忙之中，指导编修；吉广舆等人奔走两岸，穿针引线；以及王志远、赖永海等大陆教授的辛勤撰述；刘国香、陈慧剑等台湾学者的周详审核；满济、永应等"宝藏小组"人员的汇编印行。他们的同心协力，使得这项伟大的事业得以不负众望，功竟圆成！

《中国佛教经典宝藏》虽说是大家精心擘划、全力以赴的巨作，但经义深邃，实难尽备；法海浩瀚，亦恐有遗珠之憾；加以时代之动乱，文化之激荡，学者教授于契合佛心，或有差距之处。凡此失漏必然甚多，星云谨以愚诚，祈求诸方大德不吝指正，是所至祷。

一九九六年五月十六日于佛光山

原版序
敲门处处有人应

《中国佛教经典宝藏》是佛光山继《佛光大藏经》之后,推展人间佛教的百册丛书,以将传统《大藏经》精华化、白话化、现代化为宗旨,力求佛经宝藏再现今世,以通俗亲切的面貌,温渥现代人的心灵。

佛光山开山三十年以来,家师星云上人致力推展人间佛教,不遗余力,各种文化、教育事业蓬勃创办,全世界弘法度化之道场应机兴建,蔚为中国现代佛教之新气象。这一套白话精华大藏经,亦是大师弘教传法的深心悲愿之一。从开始构想、擘划到广州会议落实,无不出自大师高瞻远瞩之眼光,从逐年组稿到编辑出版,幸赖大师无限关注支持,乃有这一套现代白话之大藏经问世。

这是一套多层次、多角度、全方位反映传统佛教文化的丛书,取其精华,舍其艰涩,希望既能将《大藏经》

深睿的奥义妙法再现今世，也能为现代人提供学佛求法的方便舟筏。我们祈望《中国佛教经典宝藏》具有四种功用：

一、是传统佛典的精华书

中国佛教典籍汗牛充栋，一套《大藏经》就有九千余卷，穷年皓首都研读不完，无从赈济现代人的枯槁心灵。《宝藏》希望是一滴浓缩的法水，既不失《大藏经》的法味，又能有稍浸即润的方便，所以选择了取精用弘的摘引方式，以舍弃庞杂的枝节。由于执笔学者各有不同的取舍角度，其间难免有所缺失，谨请十方仁者鉴谅。

二、是深入浅出的工具书

现代人离古愈远，愈缺乏解读古籍的能力，往往视《大藏经》为艰涩难懂之天书，明知其中有汪洋浩瀚之生命智慧，亦只能望洋兴叹，欲渡无舟。《宝藏》希望是一艘现代化的舟筏，以通俗浅显的白话文字，提供读者遨游佛法义海的工具。应邀执笔的学者虽然多具佛学素养，但大陆对白话写作之领会角度不同，表达方式与台湾有相当差距，造成编写过程中对深厚佛学素养与流畅白话语言不易兼顾的困扰，两全为难。

三、是学佛入门的指引书

佛教经典有八万四千法门，门门可以深入，门门是无限宽广的证悟途径,可惜缺乏大众化的入门导览,不易寻觅捷径。《宝藏》希望是一支指引方向的路标,协助十方大众深入经藏,从先贤的智慧中汲取养分,成就无上的人生福泽。

四、是解深入密的参考书

佛陀遗教不仅是亚洲人民的精神归依,也是世界众生的心灵宝藏。可惜经文古奥,缺乏现代化传播,一旦庞大经藏沦为学术研究之训诂工具,佛教如何能扎根于民间?如何普济僧俗两众?我们希望《宝藏》是百粒芥子,稍稍显现一些须弥山的法相,使读者由浅入深,略窥三昧法要。各书对经藏之解读诠释角度或有不足,我们开拓白话经藏的心意却是虔诚的,若能引领读者进一步深研三藏教理,则是我们的衷心微愿。

大陆版序一

　　《中国佛教经典宝藏》是一套对主要佛教经典进行精选、注译、经义阐释、源流梳理、学术价值分析,并把它们翻译成现代白话文的大型佛学丛书,成书于二十世纪九十年代,由台湾佛光文化事业有限公司出版,星云大师担任总监修,由大陆的杜继文、方立天以及台湾的星云大师、圣严法师等两岸百余位知名学者、法师共同编撰完成。十几年来,这套丛书在两岸的学术界和佛教界产生了巨大的影响,对研究、弘扬作为中国传统文化重要组成部分的佛教文化,推动两岸的文化学术交流发挥了十分重要的作用。

　　《中国佛学经典宝藏》则是《中国佛教经典宝藏》的简体字修订版。之所以要出版这套丛书,主要基于以下的考虑:

　　首先,佛教有三藏十二部经、八万四千法门,典籍浩瀚，博大精深，即便是专业研究者，穷其一生之精力，恐也难阅尽所有经典，因此之故，有"精选"之举。

其次，佛教源于印度，汉传佛教的经论多译自梵语；加之，代有译人，版本众多，或随音，或意译，同一经文，往往表述各异。究竟哪一种版本更契合读者根机？哪一个注疏对读者理解经论大意更有助益？编撰者除了标明所依据版本外，对各部经论之版本和注疏源流也进行了系统的梳理。

再次，佛典名相繁复，义理艰深，即便识得其文其字，文字背后的义理，诚非一望便知。为此，注译者特地对诸多冷僻文字和艰涩名相，进行了力所能及的注解和阐析，并把所选经文全部翻译成现代汉语。希望这些注译，能成为修习者得月之手指、渡河之舟楫。

最后，研习经论，旨在借教悟宗、识义得意。为了将其思想义理和现当代价值揭示出来，编撰者对各部经论的篇章品目、思想脉络、义理蕴涵、学术价值等所做的发掘和剖析，真可谓殚精竭虑、苦心孤诣！当然，佛理幽深，欲入其堂奥、得其真义，诚非易事！我们不敢奢求对于各部经论的解读都能鞭辟入里，字字珠玑，但希望能对读者的理解经义有所启迪！

习近平主席最近指出："佛教产生于古代印度，但传入中国后，经过长期演化，佛教同中国儒家文化和道家文化融合发展，最终形成了具有中国特色的佛教文化，给中国人的宗教信仰、哲学观念、文学艺术、礼仪习俗等留下了深刻影响。"如何去研究、传承和弘扬优秀佛教文化，是摆在我们面前的一个重要课题，人民东方出版传媒有限公司拟对繁体字版的《中国佛教经典宝藏》进行修订，并出版简体字版的《中国佛学经典宝藏》，随喜赞叹，寥寄数语，以叙因缘，是为序。

二〇一六年春于南京大学

大陆版序二

依空

　　身材高大、肤色白皙、擅长军事的亚利安人，在公元前四千五百多年从中亚攻入西北印度，把当地土著征服之后，为了彻底统治这里的人民，建立了牢不可破的种姓制度，创造了无数的神祇，主要有创造神梵天、破坏神湿婆、保护神毗婆奴。人们的祸福由梵天决定，为了取悦梵天大神，需要透过婆罗门来沟通，因为他们是从梵天的口舌之中生出，懂得梵天的语言——繁复深奥的梵文，婆罗门阶级是宗教祭祀师，负责教育，更掌控了神与人之间往来的话语权。四种姓中最重要的是刹帝利，举凡国家的政治、经济、军事、文化等等都由他们实际操作，属贵族阶级，由梵天的胸部生出。吠舍则是士农工商的平民百姓，由梵天的膝盖以上生出。首陀罗则是被踩在梵天脚下的土著。前三者可以轮回，纵然几世轮转都无法脱离原来种姓，称为再生族；首陀罗则连轮回的因缘都没有，为不生族，生生世世为首陀罗，子孙也倒霉跟着宿命，无法改变身份。相对于此，贱民比首陀罗更为卑微、低贱，连四种姓都无法跻身其中，只能从事挑粪、焚化尸体等最卑贱、龌龊的工作。

出身于高贵种姓释迦族的悉达多太子，为了打破种姓制度的桎梏，舍弃既有的优越族姓，主张一切众生皆平等，成正等觉，创立了佛教僧团。为了贯彻佛教的平等思想，佛陀不仅先度首陀罗身份的优婆离出家，后度释迦族的七王子，先入山门为师兄，树立僧团伦理制度。佛陀更严禁弟子们用贵族的语言——梵文宣讲佛法，而以人民容易理解的地方口语来演说法义，这就是巴利文经典的滥觞。佛陀认为真理不应该是属于少数贵族、知识分子的专利或装饰，而应该更贴近普罗大众，属于平民百姓共有共知。原来佛陀早就在推动佛法的普遍化、大众化、白话化的伟大工作。

佛教从西汉哀帝末年传入中国，历经东汉、魏晋南北朝、隋唐的漫长艰巨的译经过程，加上历代各宗派祖师的著作，积累了庞博浩瀚的汉传佛教典籍。这些经论义理深奥隐晦，加以书写的语言文字为千年以前的古汉文，增加现代人阅读的困难，只能望着汗牛充栋的三藏十二部扼腕慨叹，裹足不前。

如何让大众轻松深入佛法大海，直探佛陀本怀？佛光山开山宗长星云大师乃发起编纂《中国佛教经典宝藏》。一九九一年，先在大陆广州召开"白话佛经编纂会议"，订定一百本的经论种类、编写体例、字数等事项，礼聘中国社科院的王志远教授、南京大学的赖永海教授分别为中国大陆北方与南方的总联络人，邀请大陆各大学的佛教学者撰文，后来增加台湾部分的三十二本，是为一百三十二册的《中国佛教经典宝藏精选白话版》，于一九九七年，作为佛光山开山三十周年的献礼，隆重出版。

六七年间我个人参与最初的筹划，多次奔波往来于大陆与台湾，小心谨慎带回作者原稿，印刷出版、营销推广。看到它成为佛教徒家中的传家宝藏，有心了解佛学的莘莘学子的入门指南书，为星云大师监修此部宝藏的愿心深感赞叹，既上契佛陀"佛法不舍一众"的慈悲本怀，更下启人间佛教"普世益人"的平等精神。尤其可喜者，欣闻现大陆出版方东方出版社潘少平总裁、彭明哲副总编亲自担纲筹划，组织资深编辑精校精勘；更有旅美企业家鲁彼德先生事业有成之际，秉"十方来，十方去，共成十方事"之襟怀，促成简体字版《中国佛学经典宝藏》的刊行。今付梓在即，是为序，以表随喜祝贺之忱！

二〇一六年元月

目 录

题 解　001

经 典　007

引言　009

1　愚人食盐喻　016
2　愚人集牛乳喻　019
3　以梨打头破喻　022
4　妇诈称死喻　025
5　渴见水喻　028
6　子死欲停置家中喻　031
7　认人为兄喻　034
8　山羌偷官库衣喻　037
9　叹父德行喻　040
10　三重楼喻　042
11　婆罗门杀子喻　046

12　煮黑石蜜浆喻　049

13　说人喜瞋喻　052

14　杀商主祀天喻　054

15　医与王女药令卒长大喻　056

16　灌甘蔗喻　059

17　债半钱喻　061

18　就楼磨刀喻　063

19　乘船失钎喻　065

20　人说王纵暴喻　072

21　妇女欲更求子喻　077

22　入海取沉水喻　079

23　贼偷锦绣用裹氀褐喻　081

24　种熬胡麻子喻　083

25　水火喻　085

26　人效王眼瞤喻　087

27　治鞭疮喻　090

28　为妇贸鼻喻　092

29　贫人烧粗褐衣喻　094

30　牧羊人喻　098

31　雇倩瓦师喻　101

32　估客偷金喻　104

33　斫树取果喻　106

34　送美水喻　108

35　宝箧镜喻　113

36　破五通仙眼喻　120

37　杀群牛喻　123

38　饮木筒水喻　125

39　见他人涂舍喻　128

40　治秃喻　130

41　毗舍阇鬼喻　132

42　估客驼死喻　135

43　磨大石喻　138

44　欲食半饼喻　140

45　奴守门喻　142

46　偷牦牛喻　145

47　贫人能作鸳鸯鸣喻　148

48　野干为折树枝所打喻　151

49　小儿争分别毛喻　153

50　医治脊偻喻　156

51　五人买婢共使作喻　158

52　伎儿作乐喻　160

53　师患脚付二弟子喻　162

54 蛇头尾共争在前喻　164

55 愿为王剃须喻　167

56 索无物喻　170

57 蹋长者口喻　173

58 二子分财喻　176

59 观作瓶喻　181

60 见水底金影喻　184

61 梵天弟子造物因喻　188

62 病人食雉肉喻　192

63 伎儿着戏罗刹服共相惊怖喻　195

64 人谓故屋中有恶鬼喻　199

65 五百欢喜丸喻　201

66 口诵乘船法而不解用喻　207

67 夫妇食饼共为要喻　209

68 共相怨害喻　211

69 效其祖先急速食喻　214

70 尝庵婆罗果喻　216

71 为二妇故丧其两目喻　219

72 唵米决口喻　221

73 诈言马死喻　223

74 出家凡夫贪利养喻　225

75 驼瓮俱失喻 227

76 田夫思王女喻 229

77 构驴乳喻 231

78 与儿期早行喻 233

79 为王负机喻 235

80 倒灌喻 237

81 为熊所啮喻 240

82 比种田喻 242

83 猕猴喻 244

84 月蚀打狗喻 246

85 妇女患眼痛喻 249

86 父取儿耳珰喻 251

87 劫盗分财喻 254

88 猕猴把豆喻 257

89 得金鼠狼喻 259

90 地得金钱喻 261

91 贫人欲与富者等财物喻 263

92 小儿得欢喜丸喻 265

93 老母捉熊喻 267

94 摩尼水窦喻 269

95 二鸽喻 272

96　诈称眼盲喻　274

97　为恶贼所劫失氎喻　276

98　小儿得大龟喻　278

偈颂　283

参考书目　287

题解

自譬喻这一门看去，其中构设的精妙，几可独步于世界，《百喻经》即是其内最具代表的一种。此书全名《百句譬喻经》，《丽藏》作四卷，《资福藏》（宋）、《普宁藏》（元）、《嘉兴藏》（明）俱为二卷，梁·僧祐《出三藏记集》说是五卷，今以《丽藏》为底本，参校以其他诸本，择善而从，间或出以校记。《丽藏》偶有殊胜之处，如第八十六则《父取儿耳珰喻》，其他诸本均作："为名利故，造作戏论；言无二世，有二世；无中阴，有中阴；无心数法，有心数法；无种种妄想，不得法实。"（鲁迅如此断句，金陵刻经处一九一四年刊印）《丽藏》作："为名利故，造作戏论，言二世有二世无，中阴有中阴无，心数法有心数法无，种种妄想，不得法实。"各本衍了一个"无"字。

《百喻经》是为新学佛道的人撰集的，佛教的主要意旨大都含纳于其中了，诸如空、无我、泥洹、缘起、无常、中道、禁戒、布施、反苦行、反恣情极意之类。为了便于让新学者入门，便和合了一连串好笑的痴人故事。编撰者僧伽斯那以为这些故事对正义实义的宣说是有益还是有损，要看它与正义实义是相应还是不相应，这实在涉及了譬喻的着意之处：相似性。《百喻经》的卓异在于它建立起相似性来，并且使读者领悟这种相似性，然而，通行的做法，常是将教诫除去，独留寓言，这实在破坏了这种相似性。

　　我们可以截然地说，一切寓言故事都是意义的表达形式，或可进一步说，正是意义引发了寓言故事，所以，私意以为教诫与寓言其实处于譬喻的循环之中，也就是说两者互为譬喻，寓言自然使教诫变得明晰可感，而教诫所特具的智慧之光也反射到了寓言体上，使其笼罩在原先并不一定蕴含的意味与魅力之下。这样一种交互庄严，使得新意义的进入呈涡旋状，彼此含纳、包卷。而两者出人意表的结合，甚或是硬性的嫁接，忽如电光霍闪，显豁之此将玄奥之彼登时照彻，无复遁形，不可游移，实在也给人以快感。依天竺人论艺的衡准，可如是说：这是味（rasa）。得味者欢喜。

　　《百喻经》由僧伽斯那撰集，萧齐中天竺三藏求那毗地译出，卷末署"尊者僧伽斯那造作《痴华鬘》竟"，故原名《痴华鬘》，意为以痴人故事来庄严、修饰，以事喻道。又，华鬘常是行列结之，以为条贯，这儿用来譬喻一连串的故事贯集起来，因而《痴华鬘》可以今译为《痴人痴事喻道故事集》，目下就将此名用作本书的副题。

求那毗地，梵名 Guṇaviddhi，意思是安进。据梁·慧皎《高僧传》卷三记载，他本是中天竺人，弱年就开始修道，师事天竺大乘法师僧伽斯那，聪慧、强于记忆，勤于讽诵，谙熟通究了大小乘经典二十万言，兼学佛经之外的典籍，精于阴阳术数，占验时事，许多征兆都应验了。

齐建元初年来到京师（今南京），居止在毗耶离寺中，威仪端肃，徒从众多。僧伽斯那先前在天竺国曾从修多罗藏（即契经藏，系佛灭后阿难所结集）中抄出精要贴切的譬喻，撰集为一部，凡有百事，即卷首引子、卷尾偈颂及九十八则事喻，用来教授新学佛道的人。求那毗地当时就全部熟诵，而且还明了了它的意旨，永明十年（公元四九二年）的秋天就把它译成了汉文，一共有十卷，就叫作《百喻经》。后来又译出了《十二因缘经》及《须达长者经》各一卷。译文受到当时人的称美。求那毗地为人弘厚，所以万里之外都有人来师从，南海商人也都宗事他，为他在建业秦淮河畔造了正观寺。中兴二年（公元五〇二年）冬，终于此寺。

  本书采取以各则独立的源流、解说点出故事的重点，但限于资料不全及个人所学，每则故事无法源流、解说兼有，在此向读者说明和致歉。

经典

引言

原典

闻如是[①]：一时，佛住王舍城[②]，在鹊封竹园[③]，与诸大比丘、菩萨摩诃萨及诸八部[④]三万六千人俱。

是时，会中有异学梵志五百人，俱从座而起白佛言："吾闻佛道洪深，无能及者，故来归问，唯愿说之。"

佛言："甚善！"

问曰："天下为有为无？"

答曰："亦有亦无。"

梵志曰："如今有者，云何言无？如今无者，云何言有？"

答曰："生者言有，死者言无，故说或有或无。"

问曰:"人从何而生?"

答曰:"人从谷而生。"

问曰:"五谷从何而生?"

答曰:"五谷从四大⑤火风而生。"

问曰:"四大火风从何而生?"

答曰:"四大火风从空而生。"

问曰:"空从何而生?"

答曰:"从无所有生。"

问曰:"无所有从何而生?"

答曰:"从自然生。"

问曰:"自然从何而生?"

答曰:"从泥洹⑥而生。"

问曰:"泥洹从何而生?"

佛言:"汝今问事何以尔深?泥洹者,是不生不死法。"

问曰:"佛泥洹未?"

答曰:"我未泥洹。"

"若未泥洹,云何得知泥洹常乐?"

佛言:"我今问汝,天下众生为苦为乐?"

答曰:"众生甚苦。"

佛言:"云何名苦?"

答曰:"我见众生死时,苦痛难忍,故知死苦。"

佛言："汝今不死，亦知死苦。我见十方诸佛不生不死，故知泥洹常乐。"

五百梵志心开意解，求受五戒⑦，悟须陀洹果⑧，复坐如故。

佛言："汝等善听，今为汝广说众喻。"⑨

注释

① **闻如是**：释典多作如是我闻。如是，指结集之时这经是这样的；我闻，表示亲自从佛处听闻而得。又，如是还有表示信顺的意思，信，那么所说的道理就顺，也才能进入佛法的大海，从而有大收获。

② **王舍城**：《大唐西域记》卷九所称的曷罗阇姞利呬城（Rājagriha）。这座城在频毗娑罗王时已经奠基，阿阇世王时进行扩建，并迁都于此，繁华异常。佛教徒的第一次结集就在此城举行，佛陀也常住在此地，因而是佛教的一个圣地。此城故址在今印度东北部比哈尔城（Bihār）西南约十五哩处的腊季吉尔（Rājgir）。

③ **鹊封竹园**：迦兰陀竹园（Kalanda-veṇuvana）。迦兰陀是王舍城的长者，曾将一座大竹园施给外道，后来改信佛法，便驱逐了外道，以园奉佛。这是天竺僧园的嚆矢。

④ **八部**：一天，二龙，三夜叉，四乾闼婆（此神

身体凭嗅香而长养），五阿修罗（此神常与天帝释战斗），六迦楼罗（金翅鸟神，以龙为食），七紧那罗（歌神），八摩睺罗伽（大蟒神）。

⑤ **四大**：指地、水、火、风这四大元素。本质为坚性，而有保持作用者，称为地大；本质为湿性，而有摄集作用者，称为水大；本质为暖性，而有成熟作用者，称为火大；本质为动性，而有生长作用者，称为风大。

⑥ **泥洹**：涅槃。意译作灭、无生。原指吹灭，或表吹灭之状态；其后转指燃烧烦恼之火灭尽，完成悟智（即菩提）之境地。此乃超越生死（迷界）之悟界，亦为佛教终极之实践目的。

⑦ **五戒**：不杀生、不偷盗、不邪淫、不妄语、不饮酒。

⑧ **须陀洹果**：脱去凡夫的意识，初步进入圣道的法流，所以也叫预流果。

⑨ 这段引言《丽藏》阙，今据宋、元、明三藏补入。

译文

以下这些是我亲耳从佛听闻的：那时，佛居住在王舍城，在迦兰陀竹园和众多大比丘、大菩萨及天龙等八部众神总共三万六千人聚集在一起。

这时法会中有五百学习《吠陀》的青年婆罗门，都从座席上站起来,对佛说道:"我们听说佛道洪大玄深,其他诸说没有能及得上的,所以来这儿请教几个问题,深切希望佛为我们宣说。"

佛说:"很好。"

青年婆罗门便问:"世界是存在的还是虚无的?"

佛答道:"也是存在的,也是虚无的。"

婆罗门问道:"如果世界现今是存在着的,却为何说是虚无的?如果世界现今是虚无的,则为何说是存在着的?"

佛答道:"生者说是存在着的,死者说是虚无的,所以说成也是存在的,也是虚无的。"

婆罗门问道:"人是从什么东西中产生出来的?"

佛答道:"人是从五谷中产生出来的。"

婆罗门问道:"五谷是从什么东西中产生出来的?"

佛答道:"五谷是从地、水、火、风中产生出来的。"

婆罗门问:"地、水、火、风从什么东西中产生出来的?"

佛答道:"是从空而生。"

婆罗门问:"空从什么东西中产生出来?"

佛答道:"从本无自性的因缘而生。"

婆罗门问:"本无自性的因缘从何而生?"

佛答道:"从自然而然的状态而生。"

婆罗门问道："自然而然的状态从何而生？"

佛答道："从泯灭了生死因果的无为状态而生。"

婆罗门问道："泯灭了生死因果的无为状态从何而生？"

佛答道："你们今日问的事情为何这般深入呢？泯灭了生死因果的无为状态是不生不死之道。"

婆罗门问："佛进入这泯灭了生死因果的无为状态没有？"

佛答道："我还没有进入。"

"若是这样，怎么能知道那无为的状态是常乐的呢？"

佛说道："现在我反问你们，天下众生是苦还是乐？"

婆罗门答道："众生很苦。"

佛问道："为何说众生苦呢？"

婆罗门答道："我们见众生死时，苦痛难忍，所以知道死苦。"

佛说道："你们眼下还未死，也知道死苦。而我见到十方诸佛不生不死，所以知晓这泯灭了生死因果的无为状态是常乐的。"

五百青年婆罗门心开意解，求佛让他们受持五戒，进而悟得须陀洹果，便又坐回原席，听讲如故。

佛说："你们好生听着，而今我为你们广说种种譬喻。"

解说

这则引言涉及世界的本质、人的源起、四大元素、空、泥洹之类的问题，问题的提法和内涵具有浓厚的婆罗门思想色彩，即寻求着宇宙之所以形成的一个根本的原因，也就是说，竭力面对现实，试图了解现实。问题环环相扣，渐次进入佛教教义的核心——泥洹，从而显示了要寻求的并不是事物的源起和本质，因为一切都是互为因果、互为条件的，没有什么根本的原因，这样，事物就没有自性，没有质的规定性。人执着于其中的某一端，都必然是一种妄见，诸种烦恼也由各类妄见而生。认识到这一点，便烦恼消散，欲望湮灭，入和平宁静之境，出离了生死轮回，处于不死不生之道。佛陀的学说战胜了与他同时代的其他各派学说，这是由于他不去追究事物的原因，而是致力于给烦恼的心带来安宁。

引言借助于问答，正面阐述了佛陀的观念，含摄了《百喻经》的要义，此后的一连串譬喻则自反面去破各种妄见。引言中对诸类问题的回答形式，可参见本经第五十八则《二子分财喻》说及的四种论门。

1　愚人食盐喻

原典

　　昔有愚人，至于他家。主人与食，嫌淡无味。主人闻已，更为益①盐。既得盐美，便自念言：所以美者，缘有盐故。少有尚尔，况复多也。愚人无智，便空食盐。食已口爽②，反为其患。

　　譬彼外道，闻节饮食可以得道，即便断食③，或经七日，或十五日，徒自困饿，无益于道，如彼愚人，以盐美故，而空食之，致令口爽，此亦复尔。

注释

　　①**益**：添。
　　②**爽**：伤、败。

③**断食**：为祈愿或成就修行，而于特定期间内断绝饮食。本为瑜伽派或其他苦行外道行法之一，后为佛教采用。

译文

从前的时候，有一个愚人，到别人家去做客。主人端出食物来，他嫌淡而无味。主人听罢，便另外为他添了点盐进去。愚人尝到了盐的美味，心内便想：味道所以这么美，是有盐的缘故。少少一撮，尚且如此，满满一把，岂不更妙？这愚人不懂其中的道理，便单单吃那盐。吃罢，口颤舌抖，反而得了苦楚。

这就譬如那些外道，听说节制饮食可以得道，即便断绝了饮食。或是断七日，或是断十五日，空佬佬地使自己遭一番困饿，却对修道毫无益处，活像那个愚人，因为盐可调出美味来，就单是吃它，致使口颤舌抖，外道的断食也是这样。

源流

与此譬喻相类似的，有《大智度论》卷十八所载的田舍人食盐："譬如田舍人初不识盐，见人以盐着种种肉菜中而食，问言：'何以故尔？'语言：'此盐能令诸物味美故。'此人便念：此盐能令诸物美，自味必多。便空抄盐满口食之，咸苦伤口，而问言：'汝何以言盐能作美？'人言：'痴人！此当筹量多少，和之令美，云何纯食盐？'"（《大正藏》第二十五册第一九四页）《大智度论》卷五十九："譬如愚人不识饮食种具，闻酱是众味主，便纯饮酱，失味致患。"（同上第四八〇页）《大智度论》卷六十四："譬如食虽香美，过啖则病。"（同上第五〇九页）

解说

此则譬喻可与本集《见他人涂舍喻》《尝庵婆罗果喻》并读，都是喻示过犹不及并且招致伤败的道理。

2　愚人集牛乳喻

原典

昔有愚人，将会宾客，欲集牛乳，以拟供设，而作是念：我今若预于日日中㪌取①牛乳，牛乳渐多，卒无安处，或复酢败，不如即就牛腹盛之，待临会时，当顿㪌取。作是念已，便捉牸牛②母子，各系异处。却后一月，尔乃设会，迎置宾客，方牵牛来，欲㪌取乳，而此牛乳即干无有。时为宾客或嗔或笑。

愚人亦尔，欲修布施，方③言待我大有之时，然后顿施，未及聚顷，或为县官、水火、盗贼之所侵夺，或卒④命终，不及时施，彼亦如是。

注释

① 㲃取：挤取，㲃音勾。
② 㸬牛：母牛。
③ 方：仅、只。
④ 卒：同猝。

译文

往昔有一个愚人，将要宴请宾客，便想积集牛乳，准备设宴时供用，因而想道：我如今若是预先天天挤取牛乳，牛乳渐渐多起来，终究无处安放，或许还会变酸败坏呢，不如就让它盛在牛腹里，待临到宴会时，便可一下子全部挤出来。想罢，就捉牢母牛和小牛，各各系在不同的地方。过了一个月之后，他方才设置宴会，将宾客迎入，安顿好，方牵过牛来，想挤取牛乳，而母牛的乳房瘪塌塌的，一点奶也没有了。这时宾客们或是瞪着他，或是嗤笑他。

其他的愚人也是这样，想要修行布施，只是说待我大有财物之时，然后才一下子布施掉。还没来得及积聚起来，或是被贪官、水灾、火灾、盗贼侵夺掉了，或是猝然命终了，赶不及布施，那些愚人也如集牛乳的愚人一样。

源流

　　《众经撰杂譬喻经》卷上载：昔有一婆罗门，居家贫穷，正（止、只、仅）有一牸牛，觳乳日得一斗，以自供活。闻说十五日饭诸众僧沙门得大福德，便止不复觳牛，停至一月并取，望得三斛，持用供养诸沙门。至满月，便大请诸沙门至舍皆坐。时婆罗门即入觳牛乳，正（止）得一斗。虽久不觳乳而不多。诸人呵骂言：汝痴人！云何日日不觳乃至一月也，而望得多？

　　今世人亦如是，有财物时，不能随多少布施，停积久后，须多乃作。无常水火及以身命，须臾难保。若当不遇，一朝荡尽，虚无所获。（比丘道略集、鸠摩罗什译，《大正藏》第四册第五三二页）

解说

　　生命飘忽，身外之物，更是聚散不定，因而布施之举，当时时实行，多少无论，无须等待什么时机。

3 以梨打头破喻

原典

昔有愚人,头上无毛。时有一人,以梨打头,乃至二三,悉皆伤破。时此愚人,默然忍受,不知避去。傍人见已,而语之言:"何不避去,乃住受打,致使头破?"愚人答言:"如彼人者,憍慢恃力,痴无智慧,见我头上无有发毛,谓为是石,以梨打我,头破乃尔。"傍人语言:"汝自愚痴,云何名彼以为痴也?汝若不痴,为他所打,乃至头破,不知逃避。"

比丘亦尔,不能具修信戒闻慧,但整威仪①,以招利养②,如彼愚人,被他打头,不知避去,乃至伤破,反谓他痴。此比丘者,亦复如是。

注释

① **威仪**：谓起居动作皆有威德有仪则，即习称之行、住、坐、卧四威仪。佛门中，出家之比丘、比丘尼，戒律甚多，且异于在家众，而有"三千威仪、八万律仪"等之说。

② **利养**：亦即供养，以衣、食、卧具、汤药等为主。本文指以他人的种种布施来养色身。

译文

早先有一个愚人，头上光秃无发。当时有一个人用梨打他的头，一下、二下、三下，头全都被打得受伤破裂了。此时这个愚人默然忍受着，不知躲避离去。旁人见了这般情景，就对他说："为什么不避去呢？竟然一动不动地受打，致使头都破了。"愚人答道："像他那种人么，骄横侮慢，凭借力气而已，其实是愚痴的，缺少智慧。见我头上没有发毛，便以为是石头，用梨来打我，头就破成这个样子。"旁人说道："你自己愚痴，为何反说他愚痴呢？你若是不愚痴，怎么会被他打得头破，却不知逃避！"

某些出家人也是如此，无能力具有澄净之心、清凉之行，也无能力修习教法，更无能力思维教法之理而生慧解，仅仅是整饬出家人的容仪法度而已，用以招来利养，恰如那个愚人，被别人打了头，却不知躲避离去，直至破伤了，反而说别人愚痴。这样的出家人也像那愚人一般。

解说

此则譬喻指责了某些出家人徒守威仪，以此来求得利养，那么，这种利养就如打愚人光头的梨，伤害了出家人的功德根本，而出家人依然只是固着于威仪，不知转而具修信戒定慧，则利养带来的损害亦愈益扩大。

4　妇诈称死喻

原典

昔有愚人,其妇端正,情甚爱重。妇无贞信,后于中间,共他交往。邪淫心盛,欲逐傍夫,舍离己婿。于是密语一老母言:"我去之后,汝可赍①一死妇女尸安着屋中,语我夫言,云我已死。"老母于后伺其夫主不在之时,以一死尸置其家中。及其夫还,老母语言:"汝妇已死。"夫即往视,信是己妇,哀哭懊恼,大积薪油,烧取其骨,以囊盛之,昼夜怀挟。妇于后时心厌傍夫,便还归家,语其夫言:"我是汝妻。"夫答之言:"我妇久死,汝是阿谁?妄言我妇。"乃至二三,犹故不信。

如彼外道,闻他邪说,心生惑着,谓为真实,永不可改,虽闻正教,不信受持。

注释

① 赍：携。

译文

过去有位愚人，他的妻子生得端正，愚人心内很是爱重她。女人却没有贞洁忠信之情，中途与他人有了私通。邪淫的心意炽盛起来，欲追随情夫而去，舍离自己的丈夫。于是就对一个老太婆密语道："我离去之后，你可携来一具死女人的尸体，安着于屋中，对我丈夫说我已死。"老太婆此后瞅准那丈夫不在家的时机，将一具死尸放置在他家中。待到那丈夫回家来了，老太婆告诉他道："你妻子已经死了。"那丈夫即便前去查看，以为真是自己的妻子，便哀哭着，心情很是难受，积集了许多木柴和油，将死尸烧了，拾取了骨灰，用囊盛了，昼夜挟在怀中。女人后来对情夫起了厌倦之心，便回家来了，对她丈夫说："我是你的妻子。"丈夫答道："我妻子已死多时了，你是谁呢？乱说是我的妻子。"女人一而再、再而三地说，丈夫依然如故，不肯相信。

就如那些外道，听闻了其他的邪说，心内产生了迷惑，就执着在这点上了，以为是真理，这种心念便永远无法改转过来,虽然后来听闻了佛法正教,也不肯信而受持奉行。

源流

《鸯崛摩罗经》卷二:譬如有愚夫,见雹生妄想,谓是琉璃珠,取已执持归,置之瓶器中,守护如真宝。不久悉融消,空想默然住,于余真琉璃,亦复作空想。(《中华大藏经》第二十三册第五十七页)

解说

假作真时真亦假。

5　渴见水喻

原典

过去有人，痴无智慧，极渴须水，见热时焰，谓为是水，即便逐走，至辛头河①。既至河所，对视不饮。傍人语言："汝患渴逐水，今至水所，何故不饮？"愚人答言："若②可饮尽，我当饮之。此水极多，俱不可尽，是故不饮。"尔时众人闻其此语，皆大嗤笑。

譬如外道，僻取于③理，以己不能具持佛戒，遂便不受，致使将来无得道分，流转生死。若彼愚人见水不饮，为时所笑，亦复如是。

注释

① **辛头河**：印度河，系俗语 Siṃdhu 的音译，玄奘

《大唐西域记》作信度河，系梵文 Sindhu 的音译。

② "若"，《丽藏》作"君"，形似有误，今从宋、元、明三藏改。

③ "于"，《丽藏》作"其"，今从宋、元、明三藏改。

译文

过去有一个人，愚痴无智慧，渴极了需要饮水，见炎热时远处野地里腾升的水气，以为是水，即便追寻而去，直逐至印度河边。既已到了河边，却定定地看着不饮。旁人说道："你这么渴，望着水气而奔逐，如今到了水边，为何不饮呢？"愚人答道："倘若可以饮尽的话，我便饮了。而今这水极多，完全不可饮尽，所以就不饮了。"众人当时听了这话，都哄然地嗤笑他。

这就好比那些外道，执着于事理的某一端，认为自己不能完全受持佛法的戒律，于是便索性一戒也不受持了，致使将来毫无得道的缘分，流转于生死苦海之中，不得出离。就如那个愚人见了水，却不饮，为当时人所笑，道理正是一致的。

源流

《中阿含经》卷三十二：譬如有人以渴入池而反渴

还。(见《中华大藏经》第三十一册第六八四页)

解说

　　佛经中多有受持一戒而得道的记载。世间众生于浩瀚之法海，取其一瓢而饮，受持而行，也可祛除生死烦恼。《法句譬喻经》卷二载：有位大商贾，名叫波利，与五百估客入海求宝。当时海神掬着一捧水问波利道："海水多呢，还是这一掬水多？"他答道："这一掬水为多。海水虽多，无益于应急时用，不能救那饥渴之人；这一掬水虽少，恰碰上渴者，便可持用与他，以救性命。"（可参见《大正藏》第四册第五八五页）

6　子死欲停置家中喻

原典

昔有愚人，养育七子，一子先死。时此愚人见子既死，便欲停置于其家中，自欲弃去。傍人见已，而语之言："生死道异，当速庄严，致于远处而殡葬之。云何得留，自欲弃去？"尔时愚人闻此语已，即自思念：若不得留，要当葬者，须更杀一子，停担两头，乃可胜致。于是便更杀其一子而担负之，远葬林野。时人见之，深生嗤笑，怪未曾有。

譬如比丘私犯一戒，情惮改悔，默然覆藏，自说清净。或有知者，即语之言："出家之人，守持禁戒，如护明珠，不使缺落。汝今云何违犯所受，欲不忏悔？"

犯戒者言："苟须忏者，更就犯之，然后当出。"

遂便破戒，多作不善，尔乃顿出。如彼愚人，一子既死，又杀一子。今此比丘，亦复如是。

译文

从前有位愚人，养育了七个儿子，其中一个先死掉了。愚人这时见儿子已经死了，便想将他停置在家中，自己弃家到别处去。旁人见了，就对他说："生与死的境地不同，应当速速入殓了，运至远处去埋葬吧！怎么能停放在家里，自己却欲弃家而去？"愚人当时听了这话，便想：倘若不可停放，定要葬掉的话，还须再杀掉一个儿子，担子两头，各放一个，这样才可稳顺地担到那儿去。于是便再杀了一个儿子，挑着，到远处的林野之地葬掉了。当时人们见了，不禁愕然，竟有这般闻所未闻的事情，大大地嗤笑了他。

就譬如比丘私底下违犯了一条戒律，心内害怕改悔，便默然覆藏住了，自己骗说自己是清净的。或有知情者对他说："出家人守持禁戒，就如守护明珠一样，不使它们有所缺漏。你现在违犯了所受的戒律，为什么不想忏悔？"犯戒者答道："倘若须忏悔的话，要再犯一戒，然后才表出罪过，以求改悔。"

于是便继续破戒，多做不善的事情，这样才一下子发露自己的罪过。如那愚人一样，一子已死了，又杀一子。如今这比丘也是如此。

解说

不善的事，不可一不做，二不休。

7 认人为兄喻

原典

昔有一人,形容端正,智慧具足,复多钱财,举世人间,无不称叹。时有愚人,见其如此,便言我兄。所以尔者,彼有钱财,须者则用之,是故为兄;见其还债,言非我兄。傍人语言:"汝是愚人,云何须财,名他为兄,及其债时,复言非兄?"愚人答言:"我以欲得彼之钱财,认之为兄,实非是兄。若其债时,则称非兄。"人闻此语,无不笑之。

犹彼外道,闻佛善语,盗窃而用,以为己有。乃至傍人教使修行,不肯修行,而作是言:"为利养故,取彼佛语化导众生,而无实事,云何修行?"犹向①愚人,为得财故,言是我兄;及其债时,复言非兄。此亦如是。

注释

① 向：方才。

译文

从前有一个人，容颜端正，具有种种智慧，又多钱财，世人没有不称赞叹美的。这时有一个愚人，见他这般情景，便说他是我哥哥。为什么这样称呼呢？因他有钱财，需要的话，即可以用，所以叫他为哥哥；而见到他还债，则说不是我哥哥。旁人说道："你这愚人，为何需钱财的时候，称他为哥哥，待到他负债之际，又说不是哥哥呢？"愚人答道："我因为想得到他的钱财，方认他为哥哥，其实不是我的哥哥。若是他负债了，就称不是我的哥哥。"人们听了这话，无不哈哈大笑。

这犹如那些外道，听到佛陀说法的善巧，就盗窃得来，用在自己的学说中，便当作是自身本来就有的。等到旁人要他实际修行这些学说了，便不肯修行，说道："为了获得供养的缘故，取用了佛陀的语句来教化引导众生，实际都是虚幌子，怎么谈得上修行呢？"就好比方才那个愚人，为了得到钱财，说是我哥哥；待到他负债时，又说不是我哥哥。这些外道也是如此。

解说

　　义净在他翻译的《根本说一切有部百一羯磨》卷九中作了一条夹注，说印度到处都有提婆达多派的教徒，所具有的轨仪，也多与佛法相同，至于五道轮回，生天解脱之类的教理，所修习的三藏，也与佛法大致相同。（参见《大正藏》第二十四册第四百九十五页）

8　山羌偷官库衣喻

原典

　　过去之世，有一山羌①，偷王库物而远逃走。尔时国王遣人四出推寻，捕得，将至王边，王即责其所得衣处。山羌答言："我衣乃是祖父之物。"王遣着衣。实非山羌本所有故，不知着之，应在手者着于脚上，应在腰者返着头上。王见贼已，集诸臣等共详此事，而语之言："若是汝之祖父已来所有衣者，应当解着，云何颠倒用上为下？以不解故，定知汝衣必是偷得，非汝旧物。"

　　借以为譬：王者如佛，宝藏如法，愚痴羌者犹如外道，窃听佛法②，着己法中，以为自有，然不解故，布置佛法，迷乱上下，不知法相③。如彼山羌，得王宝衣，不识次第，颠倒而着，亦复如是。

注释

① **山羌**：西北古族名。

② **法**：此处指道、理、义、轨则。

③ **法相**：诸法（宇宙万有）一性殊相，种种殊别之相，从外观即可见出，所以叫作法相。这儿是指外道不懂得佛理，无法借此来分析种种殊别之相，以见出那根本的一体的性来。

译文

过去，有一个山羌族人，偷了国王库藏中的衣物，逃得远远的。当时国王派人四处推问追寻，捕捉到了那个山羌族人，将他带至国王面前，国王就责问他衣物是从哪儿来的。山羌答道："我这些衣物都是祖父辈留传下来的。"国王命他穿上这些衣裳。确实不是他原本所有，因而不知道怎样穿，应该套进手中的，却穿到脚上去了，应该系在腰间的，反却戴到头上去了。王见罢这番情景，便招集众臣共同商量此事，而后对那山羌族人说："若是你的祖父辈以来就有的衣服，便应当懂得如何穿着，却为何会上下颠倒呢？这是不懂穿着的缘故，因此可断定你这些衣服必是偷得的，不是你旧时就有的。"

借这来譬喻：国王好比是佛，宝藏好比是佛法，愚痴的山羌人好比是外道，窃听了佛法，便把它放到自己的学说中去，当作自己所有的，然而由于不懂佛法，使用佛法的时候，便迷乱了上下，不明了诸法的种种殊别之相。一如那位山羌人，偷得国王的宝衣，却不识穿戴的上下次第，颠倒而穿，外道也是如此。

解说

各教各派的学说，相互之间有着吸纳、融合，自是不可免的，然而需以我为主，有条件地利用，否则便像机关木人一般，虽能有模有样地动作，而里面却没有自身的主意。

9　叹父德行喻

原典

昔时有人于众人中叹己父德，而作是言："我父慈仁，不害不盗，直作实语，兼行布施。"时有愚人，闻其此语，便作是①言："我父德行复过汝父。"诸人问言："有何德行，请道其事。"愚人答曰："我父小来断绝淫欲，初无染污。"众人语言："若断淫欲，云何生汝？"深为时人之所怪笑。

犹如世间无智之流，欲赞人德，不识其实，反致毁呰②。如彼愚者，意存③叹父，言成过失，此亦如是。

注释

①"是"字后，《丽藏》有"念"字，衍，今据宋、

元、明三藏删。

② 呰：音此，诋毁。

③ "存"，《丽藏》作"好"，形似有讹，今从宋、元、明三藏改。

译文

过去有一个人，在众人中赞叹自己父亲的德行，说："我的父亲为人仁慈，不伤害他人，不偷盗，不说谎，而且还施行布施。"这时有个愚人听了这番话，便说："我父亲的德行，还要超过你的父亲。"众人问道："有什么德行，请说说他的事迹。"愚人答道："我父亲从小以来，就断绝了淫欲，一直都没接触女人。"众人说道："若是断绝了淫欲，却如何生出你来？"大受当时人的嗤笑。

好比世间的无智之徒，想称赞某人的德行，不懂得恰如其分，反而招致诋毁。如那个愚人，存心想赞叹父亲，却言过其实，世间无智之徒也是如此。

解说

名实相当，方能完美地达到目的。

10　三重楼喻

原典

　　往昔之世，有富愚人，痴无所知。到余富家，见三重楼，高广严丽，轩敞疏朗，心生渴仰，即作是念：我有财钱，不减于彼，云何顷来而不造作如是之楼？即唤木匠而问言曰："解作彼家端正舍不？"木匠答言："是我所作。"即便语言："今可为我造楼如彼。"

　　是时，木匠即便经①地垒墼②作楼。愚人见其垒墼作舍，犹怀疑惑，不能了知，而问之言："欲作何等？"木匠答言："作三重屋。"愚人复言："我不欲作下二重之屋，先可为我作最上屋。"木匠答言："无有是事！何有不作最下重屋，而得造彼第二之屋？不造第二，云何得造第三重屋？"愚人固言："我今不用下二重屋，必可为我作最上者。"时人闻已,便生怪笑,咸作此言:"何有不造下第一屋而得上者?"

譬如世尊四辈弟子③,不能精勤修敬三宝,懒惰懈怠,欲求道果,而作是言:"我今不用余下三果,唯求得彼阿罗汉果。"亦为时人之所嗤笑,如彼愚者,等无有异。

注释

① **经**:量。
② **墼**:音几,砖坯。
③ **四辈弟子**:指构成佛教教团之四种弟子众,即比丘、比丘尼、优婆塞、优婆夷四众弟子。或指出家的比丘、比丘尼、沙弥、沙弥尼等四众弟子。

译文

过去有一个富愚人,不通事理。他到别的富人家去,见及一座三层楼,高畅广大,端严华丽,轩阁清敞疏朗,心内很是羡仰,想道:我的钱财并不亚于他,为何从前不造一座这样的楼屋呢?即便唤来木匠,问道:"你会造那家一般的好看楼屋吗?"木匠答道:"那就是我造的。"富愚人即便说道:"如今可替我造一幢那样的楼屋。"

这时，木匠就开始丈量地面，砌垒砖坯，造起楼屋来。愚人见他垒坯砌砖，造作楼舍，心内怀着疑惑，不甚明白，便问道："你想做什么？"木匠答道："做三层楼。"愚人道："我不想你做下面二层，先可为我做最上层。"木匠道："哪有这等事！哪有不做最下层屋，而能造那第二层的？不造第二层，怎能造第三层？"愚人固执地说："我如今不要下二层屋，定要替我造最上层。"当时人听了，都不免笑他，异口同声地说："哪有不造下面第一层而能造二层、三层的？"

就譬如佛的四众弟子，有些不能精勤地修持、恭敬佛、法、僧三宝，懒惰懈怠，却想求得道果，说："我如今不要须陀洹、斯陀含、阿那含这三果，唯求修得阿罗汉最上果。"也被当时的人所嗤笑，与那愚人一模一样。

源流

《菩萨善戒经》载：譬如重楼四级次第，不由初级至二级者，无有是处，不由二级至于三级，不由三级至四级者，亦无是处。(《大正藏》第三十册第一〇一三至一〇一四页)

解说

大抵有基方筑室,未闻无址忽成岑。

此则可与第四十四则《欲食半饼喻》比看。

11　婆罗门杀子喻

原典

昔有婆罗门,自谓多知,于诸星术、种种技艺无不明达。恃己如此,欲显其德,遂至他国,抱儿而哭。有人问婆罗门言:"汝何故哭?"婆罗门言:"今此小儿,七日当死,愍其夭殇,是以哭耳!"时人语言:"人命难知,计算喜错。设七日头或能不死,何为预哭?"婆罗门言:"日月可暗,星宿可落,我之所记,终无违失。"为名利故,至七日头,自杀其子,以证己说。时诸世人,却后七日,闻其子死,咸皆叹言:"真是智者,所言不错。"心生信服,悉来致敬。

犹如佛之四辈弟子,为利养故,自称得道,有①愚人法,杀善男子,诈现慈德,故使将来受苦无穷。如婆罗门为验己言,杀子惑世。

注释

① 有：为、行、用。

译文

以前有一位婆罗门，自以为知识宏博，对星象、占术及种种技艺，无不精通。凭恃自己这般能耐，想要显露一下他的才干，便跑到别的国家，抱儿而哭。有人问婆罗门："汝为何哭啊？"婆罗门答道："眼前我这个小儿，七日后会死去，我怜惜他的夭殇，所以哭呀！"这时人们说道："人的寿命很难推知，计卜算卦也容易出错。倘若到了第七日或许不死呢，何必预先哀哭？"婆罗门道："日月可暗沉，星宿可坠落，我的推解，终究是不会有违失的。"为了名利的缘故，到了第七日，婆罗门亲手把儿子杀了，用以证实自己的预说。当时一些人听说他的儿子在七日后果然死了，都啧啧叹道："真是一位智者，所言一点都不错。"心内产生了信服之情，都来向他致敬。

这好比佛的四众弟子，为了利养的缘故，自称得道了，用愚弄他人的方法，杀善男子，诈伪地现出慈德来，因而使自己的将来受苦无穷。就如婆罗门为了验证自己的预言，杀死儿子，来迷惑世人一样。

解说

四众弟子为了贪得供养,自称得道,以欺世盗名,最终必将遭到倾覆。为理解此意,可抄出《杂譬喻经》(比丘道略集、鸠摩罗什译)的一则譬喻,以供并读,亦属以喻解喻的方法。

昔有一比丘被摈(驱逐走),懊恼悲叹,涕哭而行,道逢一鬼。此鬼犯法,亦为毗沙门天王(即四大金刚之一)所摈。

时鬼问比丘言:"汝有何事,涕哭而行?"比丘答曰:"我犯僧事,众僧所摈,一切檀越供养尽失;又恶名声流布远近,是故愁叹涕泣耳。"鬼语比丘言:"我能令汝灭恶名声,大得供养,汝可便立我左肩上,我当担汝虚空中行,人但见汝而不见我身。汝若大得供养,当先与我。"彼鬼即时担此比丘,于先被摈聚落上虚空中行。时聚落人见皆惊怪,谓其得道,转相谓言:"众僧无状,枉摈得道之人。"

时聚落人皆诣此寺呵责众僧,即迎此比丘住于寺内,遂大得供养。此比丘随所得衣食诸物辄先与鬼,不违本要(约)。此鬼异日复担此比丘游行空中,正值(遇)毗沙门天王官属,鬼见司官,甚大惊怖,捐弃比丘,绝力而走。此比丘遂堕地而死,身首碎烂。(《大正藏》第四册第五二三页)

12　煮黑石蜜浆喻

原典

昔有愚人煮黑石蜜①,有一富人来至其家。时此愚人便作是想:我今当取黑石蜜浆与此富人。即着少水用置火上,即于火上,以扇扇之,望得使冷。傍人语言:"下不止火,扇之不已,云何得冷?"尔时众人悉皆嗤笑。

其犹外道,不灭烦恼炽燃之火,少作苦行,卧棘刺上,五热炙身②,而望清凉寂静之道,终无是处。徒为智者之所怪笑。受苦现在,殃流来劫。

注释

① **黑石蜜：**梵文是 Pāṭaiāśarkarā,做黑石蜜时,要加入乳、油、面粉、焦土、煤炱之类,和合了,放在铛

中煎煮，于竹甑内盛了，投入水中，水即刻冒出烟来，嗞嗞作响，犹若将热铁放入了水中。冷却凝固后，呈褐色，且坚硬如石，故名黑石蜜。

②**五热炙身**：将五体在火上烤炙，是赴火外道的苦行方法。

译文

从前一个愚人在煮黑石蜜，有一位富人来到了他家。当时这愚人便这样想：如今我应取黑石蜜浆招待这位富人。即在石蜜中放入些水，搁在火上，同时又急急地在火上用扇扇石蜜浆，希望它冷得快些。旁人说道："下面不熄掉火，上面扇个不停，如何会冷呢？"当时众人都嗤笑他。

这就好像外道，不去熄灭炽燃着的烦恼之火，而是稍稍修点苦行，卧在荆棘的刺上，用火来烤炙自己的身体，却祈望求得清凉寂静的大道，终究是办不到的，徒然遭受智者的嗤笑。于现在受苦，还殃及将来的解脱。

解说

佛陀初先出家修道时，也曾做苦行，翘一足至二更方休，五热炙身至二更方休，但后来意识到苦行的结果依然出离不了轮回，便认为苦行是邪道，不是清净道。关于外道的苦行，《杂阿含经》卷三十五的记载较详："常执须发，或举手立，不在床坐，或复蹲坐，以之为业。或复坐卧于荆棘之上，或边缘坐卧，或坐卧灰土，或牛尿涂地，于其中坐卧，或翘一足，随日而转。盛夏之日，五热炙身，或食菜，或食舍楼枷，或食油滓，或食牛粪。或日事三火，或于冬节冻冰亲体，有如是等无量苦身法。"(《中华大藏经》第三十三册第五十八页)

13　说人喜嗔喻

原典

过去有人,共多人众坐于屋中,叹一外人德行极好,唯有二过:一者喜嗔,二者作事仓卒。尔时此人过在门外,闻作是语,更生嗔恚,即入其屋,擒彼道己过恶之人,以手打扑。傍人问言:"何故打也?"其人答言:"我曾何时喜嗔、仓卒?而此人者,道我恒喜嗔恚、作事仓卒,是故打之。"傍人语言:"汝今喜嗔、仓卒之相即时现验,云何讳之?"人说过恶,而起怨责,深为众人怪其愚惑。

譬如世间饮酒之夫,耽荒沉酒,作诸放逸,见人呵责,反生尤嫉,苦引证佐,用自明白。若此愚人,讳闻己过,见他道说,反欲打扑之。

译文

　　过去,有一个人与大家坐于屋中闲聊,赞叹某人德行极好,唯有两个缺陷:一是喜欢发怒,二是做事仓促。此时那人恰好在门外走过,听了这话,勃然大怒,即刻走入屋中,擒住那说自己过恶的人,挥拳就打。旁人问道:"为何打人啊?"这人答道:"我哪时喜欢发怒,做事仓促?这人却说我总是喜欢发怒,做事仓促,所以打他。"旁人说道:"如今已经明摆在眼前了,你这易怒莽撞的形相,为何还要忌讳呢?"人家说他的缺陷,反而愤愤不平,大家都对他的愚惑大为惊讶!

　　就譬如世间好饮酒的人,沉溺于杯盏之间,做出种种放逸的事情来,见有人呵责他们,反而产生痛恨的心情,竭力引用一些名贤作佐证,来为自身辩护。好像这位愚人,忌讳听人说他过错,一旦见人在说,反而要打人家。

解说

　　当场展演自己的毛病来证明自己没有毛病,常常是闻过则怒的人的做法。

14 杀商主祀天喻

原典

昔有贾客,欲入大海。入大海之法,要须导师,然后可去。即共求觅,得一导师。既得之已,相将发引,至旷野中,有一天祠,当须人祀,然后得过。于是众贾共思量言:"我等伴党,尽是亲属,如何可杀?唯此导师,中用祀天。"即杀导师,以用祭祀。祀天已竟,迷失道路,不知所趣,穷困死尽。

一切世人,亦复如是,欲入法海,取其珍宝,当修善法行①以为导师。毁破善行,生死旷路,永无出期。经历三涂,受苦长远。如彼商贾,将入大海,杀其导者,迷失津济,终致困死。

注释

① **善法行**：修习利他的十行之一。指四无碍陀罗尼门等法，成就种种化他之善法，以守护正法，令佛种不断。

译文

过去，有一群商人，想入大海去采宝。入大海的首要条件，是需要一个向导，然后方可去。于是就纷纷觅求，找到了一位向导。既已得了向导，便一起出发，至一处旷野中，前有一座天祠，须用活人作祭祀，然后才能通过。这群商人便聚在一起商量起来："我们这班伙伴，大家都是亲属，如何可杀？只有这位向导，可用来祭祀天神。"于是杀了向导，用以祭祀。祀天完毕之后，却迷失了道路，不知往哪儿走，穷途末路，都困死了。

世上人也是这样，想入佛法的大海中去采取珍宝，便应当把修善法行作为向导。倘若毁坏了善行，那么，就陷入在生死轮回的旷远之路中了，永远没有摆脱出来的希望。就会经历入地狱受猛火烧、成畜生而互相啖食、做饿鬼遭刀剑逼迫这样的三涂，长远地受苦。就如那班商人将入大海而杀了向导，便迷失了津路，终致困死。

15　医与王女药令卒长大喻

原典

昔有国王,产生一女,唤医语言:"为我与药,立使长大。"医师答言:"我与良药,能使即大。但今卒无,方须求索。比①得药顷,王要莫看,待与药已,然后示王。"于是即便远方取药。经十二年,得药来还,与女令服,将示于王。王见欢喜,即自念言:实是良医,与我女药,即令卒长。便敕左右,赐以珍宝。时诸人等笑于无智,不晓筹量生来年月,见其长大,谓是药力。

世人亦尔,诣善知识②,而启之言:"我欲求道,愿见教授,使我立得。"善知识师以方便故,教令坐禅,观十二缘起③。渐积众德,获阿罗汉位④,踊跃欢喜,而作是言:"快哉!大师速能令我证最妙法。"

注释

① **比**：及、到。

② **善知识**：指正直而有德行，能引人入菩提正道之人。

③ **十二缘起**：有生命之物在过去、现在、未来三世生存变化的十二个条件，就是：无明、行、识、名色、六入、触、受、爱、取、有、生、老死。

④ "位"，《丽藏》作"倍"，形似有讹，今据宋藏改。

译文

从前有位国王，生了一个女儿，便唤来医生，道："替我弄药给她，立刻使她长大。"医生答道："我给她一种好药，能使她即刻长大。可是如今仓促之间无法觅得，须去求索才行。在得了药之前，请陛下莫要见您女儿，等给了她药之后，才让陛下见她。"于是便即刻前往远方采药去了。过了十二年，采得了药回来了，给公主服了药，把她带到国王面前。国王见了，心里想道：确实是良医，给我女儿服了药，能令她猝然长大。便命令左右赏赐珍宝给他。当时众人都笑王无知，不晓得算算出生以来的年月，见她长大了，以为是药力的作用。

　　世上人也是如此,到能引入菩提之途的人那儿启求道:"我想求道,望您传授一下,使我立刻得道。"能引入菩提之途的导师出于权巧方便的缘由,教他坐禅,专注地观察一切有生命之物流转于过去、现在、未来三世的十二种条件。这人的种种德行渐渐积聚了起来,终于修得了阿罗汉果,便异常欢喜,心情踊跃,道:"真快啊!大师能使我迅速证得阿罗汉果这最妙法。"

16　灌甘蔗喻

原典

昔有二人共种甘蔗，而作誓言："种好者，赏；其不好者，当重罚之。"时二人中，一者念言：甘蔗极甜，若压取汁，还灌甘蔗树，甘美必甚，得胜于彼。即压甘蔗，取汁用溉，冀望滋味，反败种子。所有甘蔗一切都失。

世人亦尔，欲求善福，恃己豪贵，专[①]形挟势，迫胁下民，陵夺财物，以用作福。本期善果，不知将来反获其殃，如压甘蔗，彼此都失。

注释

① 专：据、用。

译文

从前有两个人一起种甘蔗,立下誓约:"种得好的,有赏;种得不好的,定当重罚他。"这时其中一个想道:甘蔗极甜,若是压取了甘蔗汁,还用来浇灌甘蔗树,必定异常甘美,就能胜过他。即刻压甘蔗,拿汁来灌溉,冀望滋味更加甘美,结果反而败坏了种子,所有的甘蔗都统统死光了。

世人也是如此,想要求得善福,却是凭恃自身的豪贵,运用关系,挟持势力,来胁迫老百姓,陵夺他们的财物,拿来作布施用。本来是期望求得善果,却不知将来反而因此而遭殃,就如压甘蔗汁来灌溉一样,汁水与种子,彼此都失掉了。

解说

只求目的实现,不问手段好坏,自是不对的。

关于两者俱失,可与第二十五则《水火喻》、第三十二则《估客偷金喻》、第七十五则《驼瓮俱失喻》、第八十八则《猕猴把豆喻》、第九十七则《为恶贼所劫失氎喻》比看。

17　债半钱喻

原典

往有商人，贷他半钱，久不得偿，即便往债。前有大河，雇他两钱，然后得渡。到彼往债，竟不得见。来还渡河，复雇两钱。为半钱债，而失四钱，兼有道路疲劳乏困。所债甚少，所失极多，果被众人之所怪笑。

世人亦尔，要少名利，致毁大行。苟容己身，不顾礼义，现受恶名，后得苦报。

译文

往昔有一位商人，借给他人半个钱，许多时日过去了，没有得到偿还，就前去讨债。途中，前面有条大河，雇船摆渡，付了两个钱，然后才渡过去。到了那儿，却没见到欠债人，回来渡河，又费去两个钱。为了半个钱的债，而用掉四个钱，加上路途往返，疲劳乏困。债很少，讨债所费却极多，结果被众人讥笑。

世人也是这样，为了要小小名利，却毁掉了根本的德行。要使自身获得暂且的安逸，就不顾礼义，现前担受了恶名，将来则得到苦痛的报应。

18　就楼磨刀喻

原典

昔有一人，贫穷困苦，为王作事，日月经久，身体羸瘦。王见怜愍，赐一死驼。贫人得已，即便剥皮，嫌刀钝故，求石欲磨，乃于楼上得一磨石。磨刀令利，来下而剥。如是数数往来磨刀，后转劳苦，惮不能数上，悬驼上楼，就石磨刀。深为众人之所嗤笑。

犹如愚人毁破禁戒，多取钱财，以用修福，望得生天。如悬驼上楼磨刀，用功甚多，所得甚少。

译文

从前有一个人，贫穷困苦，替国王做事情，日子久了，身体羸瘦。国王见了，很是怜悯，便赐给他一头死骆驼。贫人得了，就开始剥皮，嫌刀钝，寻磨刀石想磨利，就在楼上觅得一块磨刀石。刀磨利了，便下楼来剥。如此这般，数次往来磨刀，后来逐渐觉得劳苦起来，怕身体吃不消了，无法这样上上下下，于是就把骆驼悬吊到楼上去，便可以就石磨刀了。深遭众人的嗤笑。

犹如愚人毁坏禁戒，大肆积取钱财，拿这些钱来修福行善，祈望来世生于天上，就像悬吊骆驼上楼去磨刀一样，费用功夫很多，所得的益处却极少。

解说

此则可与第四十三则《磨大石喻》比看。

19　乘船失釪喻

原典

　　昔有人乘船渡海，失一银釪①，堕于水中，即便思念：我今画水②作记，舍之而去，后当取之。行经二月，到师子诸国③，见一河水，便入其中，觅本失釪。诸人问言："欲何所作？"答言："我先失釪，今欲觅取。"问言："于何处失？"答言："初入海失。"又复问言："失经几时？"言："失来二月。"问言："失来二月，云何此觅？"答言："我失釪时，画水作记。本所画水，与此无异，是故觅之。"又复问言："水则不别，汝昔失时，乃在于彼，今在此觅，何由可得？"尔时众人无不大笑。

　　亦如外道，不修正行，相似善④中，横计苦因，以求解脱，状如愚人，失釪于彼，而于此觅。

注释

① 钘：同盂，食器。

② 画水：随画随合，无法做记认，所以愚人说本所画水，与此无异。

③ 师子诸国：僧伽罗国（俗语 Simghala 音译），梵文 Simhala，巴利文 Sīhala，意思是执师子国、师子国，宋以后的著作如《诸蕃志》作细兰（系译自阿拉伯语 Silan）。一九七二年改名为斯里兰卡（Sri Lanka）。关于此国的由来，《大唐西域记》卷十一的记载很是详细，且多有滋味，现将季羡林等的今译文抄录于下，以供赏览。

此国本来就是个宝岛，珍宝很多，居住着鬼神。后来，南印度有个国王的女儿和邻国订了婚，选定良辰吉日出嫁，途中碰到狮子，侍卫们丢下公主四散逃奔，只有她在车子里，心想这下没命了！这时狮子王就背着她走了，进入深山，把她安置在幽邃的山谷里，捕鹿采果，按时供给她。几年后，她生下一男一女，形貌与人一样，而性情和血统却是野兽的。男的渐渐成长，力大无穷，能击毙猛兽，二十岁时，开始具有人的智慧，就向母亲说："我算什么呢？父亲是野兽，母亲却是人，既然不是同类，怎么会成夫妻？"母亲就把过去的事情告诉了儿子。儿子回答："人和兽是两样，应该快快离开。"母亲说："我从前逃走过，没有成功。"

后来儿子就跟着狮子父亲，登山越岭，侦查它的行踪，以便逃离。等到父亲走远了，儿子便担负着母亲和妹妹下山，跑到有人烟的所在。母亲告诫他们说："各人都要谨慎地严守秘密，不能讲出我们的由来。人们如果知道了，会轻视我们的。"

于是，他们到了本国，可是这个国家已不属于这一家族统治了，宗祀已经灭绝，他们只好投身寄住在这里的村邑人家。人们问道："你们是哪一国的人？"回答说："我本是这个国的人，因为流离在外国，现在携带子女来归故乡。"人们无不怜悯他们的遭遇，相互供应他们的生活所需。

狮子王回到山谷，一看什么也没有了，回忆过去的情景，眷恋着亲生的儿女，既痛且恨，就走出山谷，往来村邑间，咆哮震吼，凶暴地伤害人畜，残忍地祸害生灵，村邑有人外出，就被扑灭吞噬。大家只好击鼓吹贝，背负弓弩，手持长矛，成群结队地行走，才能免害。

国王害怕他的统治不能安定，就派遣猎人，希望捕获狮子。国王亲自统率数以万计的象、马、车、步四种兵卒，埋伏在森林、水泽中，跨越山谷。而狮子猛吼一声，如同晴天霹雳，人马惊退。既然擒获不到，便重新招募勇士,下令说如有人能捉到狮子,为国除掉大患的,当酬重赏,并旌表他的功绩。

狮子的儿子听到国王这一命令,就对母亲说:"我们忍饥挨饿活不下去了,理当去应募,如果得到酬报,还可以孝养母亲,抚育妹妹。"母亲很不以为然,说:"这话不是你应该说的!它虽是野兽,但还是你的父亲,怎么能生活困难,而想到逆伦害父呢?"儿子道:"人和兽是异类,没存在什么礼义。既然已经与它离开了,就谈不上逆害,我们还期望什么?"他暗藏着锋利的小刀,就去应募。

这时候,千众万骑,好像云屯雾合一样,而狮子则踞在森林里,谁也不敢接近。儿子马上向前走去,父亲就驯服了,它只知道和儿子亲爱地依偎,什么愤怒也都忘却了。儿子拔出小刀刺入它的腹部,它还是怀着慈爱之情,仍没有愤怒毒害之意,任他刺杀,以至于把肚皮剖开,含着悲苦而死去。

国王惊奇地说:"这是什么人呀!哪有这样奇怪的事?"(国王为了明白究竟)就对他一面以福利来诱导,一面以威祸来震慑。他只得细述事情的经过。国王说:"大逆不道啊!父亲尚能加害,何况不是亲人呢?野兽的遗种,难以驯服,凶狠的性情,容易冲动。除民之害,他的功劳是很大的,但手刃父亲,他的心胸是多么

《中国佛学经典宝藏》

华人佛学界顶级专家团队编撰。大陆首次引进简体中文版。

读得懂，买得起，藏得下的"白话精华大藏经"。

星云大师 总监修

"人间佛教"的践行本

《中国佛学经典宝藏》白话版系列丛书，共计132册，由星云大师总监修，大陆、台湾百余专家学者通力编撰而成。

丛书依大乘、小乘、禅、净、密等性质编号排序，将古来经律论中之经典著作，依据思想性、启发性、教育性、人间性的原则，做了取其精华、舍其艰涩的系统整理。每种经典都按原文、注释、译文等体例编排，语言力求通俗易懂、言简意赅，让佛学名著真正做到雅俗共赏；还以题解、源流、解说等章节，阐述经文的时代背景、影响价值及在佛教历史和思想演变上的地位角色。丛书还开创性地收录了一些有代表性的现代读本。

专家推荐

星云大师常常说，佛学不是少数人的专利，它应该是每一个人都能够接触的。这套书推动了白话佛学经典的完成。

——依空法师

佛光山长老，文学博士，印度哲学博士

星云大师对编修《中国佛学经典宝藏》非常重视，对经典进行注、译，包括版本源流梳理，这对一般人去看经典、理解经典的思想，是有帮助的。

——赖永海

南京大学教授，旭日佛学研究中心主任

《中国佛学经典宝藏》精选了很多篇目，是能够把佛法的精要，比较全面地给予介绍。

——王志远

中国社会科学院研究生院导师，中国宗教协会副会长

传统大藏经 VS 中国佛学经典宝藏

	传统大藏经	VS	中国佛学经典宝藏
第一回合	**卷帙浩繁** 普通人阅读没头绪，没精力，看不懂。	VS	**精华集萃** 星云大师亲选132种书目，提纲挈领，方便读经。
第二回合	**古文艰涩 繁体竖排** 佛经文辞晦涩，多用繁体竖排版：读经门槛高。	VS	**白话精译 简体横排** 经典原文搭配白话精译，既可直通经文，又可研习原典。
第三回合	**经义玄奥 难尝法味** 微言大义，法义幽微，没有明师指引难理解。	VS	**专家注解 普利十方** 华人佛学界顶级专家精注精解，一通百通。

《中国佛学经典宝藏》目录

编号	书名	编号	书名	编号	书名
1	中阿含经	45	维摩诘经	89	法句经
2	长阿含经	46	药师经	90	本生经的起源及其开展
3	增一阿含经	47	佛堂讲话	91	人间巧喻
4	杂阿含经	48	信愿念佛	92	大乘本生心地观经
5	金刚经	49	精进佛七开示录	93	南海寄归内法传
6	般若心经	50	往生有分	94	入唐求法巡礼记
7	大智度论	51	法华经	95	大唐西域记
8	大乘玄论	52	金光明经	96	比丘尼传
9	十二门论	53	天台四教仪	97	弘明集
10	中论	54	金刚錍	98	出三藏记集
11	百论	55	教观纲宗	99	牟子理惑论
12	肇论	56	摩诃止观	100	佛国记
13	辩中边论	57	法华思想	101	宋高僧传
14	空的哲理	58	华严经	102	唐高僧传
15	金刚经讲话	59	圆觉经	103	梁高僧传
16	人天眼目	60	华严五教章	104	异部宗轮论
17	大慧普觉禅师语录	61	华严金师子章	105	广弘明集
18	六祖坛经	62	华严原人论	106	辅教编
19	天童正觉禅师语录	63	华严学	107	释迦牟尼佛传
20	正法眼藏	64	华严经讲话	108	中国佛教名山胜地寺志
21	永嘉证道歌·信心铭	65	解深密经	109	敕修百丈清规
22	祖堂集	66	楞伽经	110	洛阳伽蓝记
23	神会语录	67	胜鬘经	111	佛教新出碑志集萃
24	指月录	68	十地经论	112	佛教文学对中国小说的影响
25	从容录	69	大乘起信论	113	佛遗教三经
26	禅宗无门关	70	成唯识论	114	大般涅槃经
27	景德传灯录	71	唯识四论	115	地藏本愿经外二部
28	碧岩录	72	佛性论	116	安般守意经
29	缁门警训	73	瑜伽师地论	117	那先比丘经
30	禅林宝训	74	摄大乘论	118	大毗婆沙论
31	禅林象器笺	75	唯识史观及其哲学	119	大乘大义章
32	禅门师资承袭图	76	唯识三颂讲记	120	因明入正理论
33	禅源诸诠集都序	77	大日经	121	宗镜录
34	临济录	78	楞严经	122	法苑珠林
35	米果禅师语录	79	金刚顶经	123	经律异相
36	中国佛学特质在禅	80	大佛顶首楞严经	124	解脱道论
37	星云禅话	81	成实论	125	杂阿毗昙心论
38	禅话与净话	82	俱舍要义	126	弘一大师文集选要
39	释禅波罗蜜次第法门	83	佛说觉两坐	127	《沧海六串》选集
40	般舟三昧经	84	四分律	128	《劝发菩提心文》讲话
41	净土三经	85	戒律学纲要	129	佛经概说
42	佛说弥勒上生下生经	86	优婆塞戒经	130	佛教的女性观
43	安乐集	87	六度集经	131	涅槃思想研究
44	万善同归集	88	百喻经	132	佛学与科学论文集

手机淘宝
扫一扫

深入经藏,智慧如海。
本套佛学经典适合系统的修习、诵读和佛堂珍藏。
咨询电话:尤冲 010-8592 4661

狠毒啊！现在我只好以重赏来报答他的功劳，以流放来惩罚他的逆伦，这样使国家的法律不会蒙受损害，也说明国王说了的话是算数的。"

于是准备了二艘大船，储备了许多食物和干粮，把他们的母亲留在国中，奉养起来作为赏功，子女两人则各乘一船，随波漂荡。儿子的船只泛海到了宝岛，发现许多珍宝美玉，就留下了。后来有商人因采集珍宝来到了这个岛上，他便杀死了商主，留下子女，这样就繁殖起来。日后子孙众多了，便立君臣，分别地位的高下，建筑都城，兴修村邑，据有这里的疆土。由于他们的先祖是捕杀狮子的，所以就举（执狮子）这元功作为国名。

④ **相似善**：指似是而非的善。

译文

从前有个人乘船渡海，将一只银钵钎堕入在水中，就想道：我如今把这儿的水画一下，做好标记，暂且舍之而去，以后再来捞取。船行走了两个月，到了师子国，见了一条河，便下水觅寻原先失落的钵钎。众人问道："你想做什么？"他答道："我先前丢失的钵钎，现在想寻回来。"众人问道："在哪里丢失的？"他答道："船初入海的地方丢的。"众人又问道："丢了多长时间了？"他答道："两个月了。"众人问道："已有两个月了，为何在这儿寻找？"他答道："我失落钵釬时，在水上画了一下，做了记认。原初所画的水，与这儿的水并没什么两样，因此就下去寻找了。"众人又问道："水确实没有差别，可是你以前丢失的时候是在那边，如今却在此地寻觅，如何找得到呢？"当时众人无不大笑起来。

这也如外道一样，不修正法之行，在一些似是而非的相似善事中，以错误的知见，如绝食、炙火烧身等令身体受苦，想以此来求得解脱，就好像愚人在那儿丢失了钵釬，却到这儿来寻找一样。

源流

《吕氏春秋·察今》：楚人有涉江者，其剑自舟中坠于水，遽契其舟曰：是吾剑之所从坠。舟止，从其所契者入水求之。舟已行矣，而剑不行。求剑若此，不亦惑乎！

解说

关于苦因，吕澂先生有一段概述，介绍了当时各派思想的差异和背景，可作为参考。

当时学说有两个系统：一是婆罗门思想，认为宇宙是一个根本"因"转变而来，即所谓因中有果说。用以指导实践，即以修定为主。通过修定法去认识了那个根本因，便可达到解脱境界。二是非婆罗门思想，认为事物是多因积累而成，即所谓因中无果说。这一学说用以指导实践，形成了两派，一派走苦行道路，一派则寻求快乐。佛陀对以上两大系统的思想都不相信，另立缘起论，认为诸法是互相依赖、互为条件的，既非一因生多果，也非多因生一果，而是互为因果。(《印度佛学源流略讲》，上海人民出版社一九七九年，第十八页)

20　人说王纵暴喻

原典

昔有一人,说王过罪,而作是言:"王甚暴虐,治政无理。"王闻是语,即大嗔恚,竟不究悉谁作此语,信傍佞人,捉一贤臣,仰①使剥脊,剥百两肉。有人证明此无是语,王心便悔,索千两肉,用为补脊。夜中呻唤,甚大苦恼。王闻其声,问言:"何以苦恼?取汝百两,十倍与汝,意不足耶?何以苦恼?"傍人答言:"大王,如截子头,虽得千头,不免子死。虽十倍得肉,不免苦痛。"

愚人亦尔,不畏后世,贪得现乐,苦切众生,调发百姓,多得财物,望得灭罪,而得福报。譬如彼王,剥人之脊,取人之肉,以余肉补,望使不痛,无有是处。

注释

① 仰：命令。

译文

从前有一个人谈说国王的过失，说："国王太暴虐了，治国行政毫无道理。"国王听了这话，就勃然大怒，竟不追究清楚是谁说的，偏信身旁佞人的谗言，捉来一位贤臣，下令剥开他的背脊，取出百两肉来。有人证明他没有说这话，国王心中便后悔了，索来千两肉，用来给他补脊背。贤臣很是苦痛，夜中呻唤不已。国王听见了，问道："为何这般苦恼呢？取你百两，还了你千两，心中还不满足吗？为何苦恼呢？"旁人说道："大王，譬如截掉了孩子的头，后来虽然得了一千个头，也不免孩子的死去。如今他虽得了十倍的肉，却免除不了苦痛。"

愚人也是如此，不畏惧后世的恶报，贪图现世的快乐，拼命压榨世人，驱遣百姓，广罗财物，而后进行施舍，祈望可以灭罪，得到福报。就譬如那位国王，剥了他人的脊背，取了肉，以其他的肉来补，想使他不痛，这是不合情理的。

解说

《长阿含经》卷十七《沙门果经》通过阿阇世王之口介绍了六师外道的学说,他们各各以为没有后世,没有业报轮回。

印度学者恰托巴底亚耶(Chattopadhyaya)在其《顺世论》一书中引述了他们的观念,其所据的是巴利文《长部经典》(南传佛教经籍,北传佛教称《长阿含经》)的英译本:

不阑迦叶的学说:

对于行为者,或促使别人行为者,对于伤害人或唆使别人伤害他人者,对于惩罚或使别人惩罚者,对于造成忧愁苦恼者,对于疑惧发抖或使别人疑惧发抖者,对于杀害生命者,不与取者,破门入室者,当强盗或拦路抢劫,或奸淫,或诳语者,对于他们这样的行为,是没有罪恶的。他如果拿一只边缘磨得像剃刀一样锋利的铁饼,把世界上所有的众生杀死,成为一座血肉大山,也没有因此而生的罪恶,没有随之而来的罪恶的增长。如果他沿着恒河南岸走去,打人,杀人,伤害人,使人们残废,压迫人,使人们受苦受罪,他不会有因此而生的罪恶,也不会有随之而来的罪恶的增长。如果他沿着恒河北岸走去,一路施舍,命令布施,供奉牺牲,叫人供奉牺牲,他不会因此而有功德,不会有功德的增长。在慷慨布施上，在自我克制上，在抑制感官上，在说话诚实上，既没有功德，也没有功德的增长。

阿夷陀翅舍钦婆罗的学说：

没有像施舍牺牲或奉献那样的事情。关于善行或恶行，既没有果实，也没有报应。没有什么今生或来世那样的事情。既没有父亲也没有母亲，也没有他们而生出的众生。世界上没有达到顶点的沙门或婆罗门，他们功行圆满，独有他们了解认识今生和来世，使他们的智慧让别人也懂得。人类是由四大元素构成的。当他死了之后，他身上的地元素又回到土地中去，液体回到水中去，热回到火中去，风回到空气中去，他的才能又变成了虚空。四个抬丧人加上棺材架上的第五个，把他的死尸抬出去，等到到达火化场地时，人们口念颂词，但是在那里他的骨头变白了，他的供品结果变成了灰烬。谈论什么送葬，那是愚人的教义理论。当人们说其中有什么益处，那是空洞的谎言，尽是些无聊话。愚夫与智者是一样的，当身体解散了的时候，就断灭了，死后他们就不存在了。

彼浮陀迦旃延的学说：

下面七件事既非人为的，也非命令人为的，既非创造的，也非促使创造的，它们是不生育的（所以说没有什么是从它们产生的），像山峰一样稳固，像石柱一样安稳。它们不运动,它们也不变化,它们不互相侵夺,它们不使任何东西受乐受苦或受苦乐。七者为何?四大元素——地、水、火、风——和安乐与痛苦,以及生命为第七者。所以既无杀人者,也无唆使杀人者,既无听者,也无说者,既无知者,也无解释者。当一个人拿一把利剑将别人的脑壳斫为两半,没有人因此而夺去了任何人的生命,一把剑只能穿过七种元素本质的空隙。

散若毗罗梨子的学说:

如果你问我是否有他世?——哦,如果我认为有,我就会讲,但是我没有那么讲。我不认为它是这样或那样,我也不认为它是另外一个样子,我也不否认它,我不说有也不说没有另一个世界。如果你问我关于偶然生出的众生,或者善恶行为有没有任何结果任何报应,或者一个获得真理的人死后继续或不继续活着——对于每一个或任何这些问题,我都给予同一的答复。(《顺世论》,第六〇八至六一〇页,北京商务印书馆一九九二年版,王世安译。也可相应地参见《中华大藏经》第三十一册第二〇九至二一〇页的叙述,中华书局一九八七年版)

以上这些都是与佛陀同时代的哲学家的言论,《百喻经》对这些理论多有反对驳斥之处,为了便于理解本经,特将这些思想背景材料揭载于此。

21　妇女欲更求子喻

原典

往昔世时,有妇女人,始有一子,更欲求子。问余妇女:"谁有能使我重有子?"有一老母语此妇言:"我能使尔求子可得,当须祀天。"问老母言:"祀须何物?"老母语言:"杀汝之子,取血祀天,必得多子。"时此妇女,便随彼语,欲杀其子。傍有智人,嗤笑骂詈:"愚痴无智,乃至如此!未生子者,竟可得不?而杀现子。"

愚人亦尔,为未生乐,自投火坑,种种害身,为得生天。

译文

过去有个女人,已有了一个儿子,还想要一个,就问其他女人："谁能使我再有一个儿子？"一位老太婆对这女人道："我能使你实现求子的愿望，需要祭祀天神。"她问道："需用何物来祭祀呢？"老太婆说道："杀了你的儿子，拿他的血来祭祀天神，必定能有很多儿子。"这女人当时就听从了她的话，要杀自己的儿子。旁边一位聪明人嗤笑骂詈道："你愚痴无知到了这般地步！还没有生出来的儿子，都还不知究竟能不能得？却想杀掉眼前的儿子。"

愚人也是这样，为了那还没有产生的快乐，自愿投身到火坑中去，做种种损害身体的苦行，为了能够生到天上去。

解说

此则可与第二十九则《贫人烧粗褐衣喻》并读。

22　入海取沉水喻

原典

昔有长者子,入海取沉水①,积有年载,方得一车,持来归家,诣市卖之。以其贵故,卒无买者。经历多日,不能得售,心生疲厌,以为苦恼。见人卖炭,时得速售,便生念言:不如烧之作炭,可得速售。即烧为炭,诣市卖之,不得半车炭之价值。

世间愚人亦复如是,无量方便,勤行精进,仰求佛果。以其难得,便生退心,不如发心求声闻果,速断生死,作阿罗汉。

注释

① **沉水**:沉香。欲采取沉香的话,当先将树斫断,

放着地上，待时日久了，外层开始朽烂，木中的心节，坚硬且黑，置于水中，则沉了下去，所以叫作沉水，也叫水沉。

译文

过去有位长者的儿子，入大海去采取沉水香，历经多年，方采得一车，载回家来，拿到市场上去卖。因为昂贵的缘故，一时之间，无人来买。多日过去了，售不出去，内心很是疲厌，苦恼不堪。见人家卖炭，转眼即成交了，便生出一个念头：不如把它烧了作炭，便可以快快地卖掉了。遂即将其烧成炭，推至市上卖了，却不值半车炭的价钱。

世上的愚人也是这样，借助于广大无量的权便的方法，孜孜不倦，专意进取，仰望着求得佛果。因为难以求得，便产生了退转的念头，以为不如发心去求听闻佛的声教即可悟道的最下根的声闻果，可以速速出离生死轮回的苦海，成为永入涅槃的阿罗汉。

解说

力不足者，中道而废。此则可与第六十二则《病人食雉肉喻》并读。

23　贼偷锦绣用裹氀褐喻

原典

昔有贼人,入富家舍,偷得锦绣,即持用裹故弊氀褐种种财物,为智人所笑。

世间愚人亦复如是,既有信心入佛法中,修行善法及诸功德,以贪利故,破于清净戒及诸功德,为世所笑,亦复如是。

译文

过去有个贼,入富家屋中,偷得锦绣,就拿来裹破旧的粗毛布衣之类的财物,为智人所笑。

世间的愚人也是如此,既有信心进入佛法之中,去修行善法以及种种功德，因为贪图私利，破坏了断离烦恼的清净的戒行以及种种功德，为世所笑，就如以锦绣裹破衣一般。

24　种熬胡麻子喻

原典

昔有愚人,生食胡麻子,以为不美,熬①而食之为美,便生念言:不如熬而种之,后得美者。便熬而种之,永无生理。

世人亦尔,以菩萨旷劫修行,因难行苦行,以为不乐,便作念言:不如作阿罗汉,速断生死,其功甚易。后欲求佛果,终不可得。如彼焦种,无复生理。世间愚人,亦复如是。

注释

① 熬:炒。

译文

从前有个愚人，生吃胡麻子，觉得味道不美，炒了吃，味美，便想：不如炒了再种，而后就能得味美的胡麻子了。于是就炒了来种，永远失掉了生长出来的因。

世人也是这样，由于菩萨过去时长期修行，专就困难之处做苦行之事，世人以为这不顺当怡乐，便想道：不如成为阿罗汉，速速断离生死之道，永入涅槃，这功效很容易达到。而后来再想求佛果，毕竟是不可能了。就如那焦了的种子，不再有生长的因了。世间的愚人，也是这样断灭了精进的因。

源流

《菩提资粮论》卷四：如被烧种子，虽置地中，水浇日暖，终不能生。（《中华大藏经》第二十九册第四六八页）

《法苑珠林》卷二十三：事等破瓶，义同焦种，亦如多罗（绵），既断，宁可重生。析石已离，终无还合。（《大正藏》第五十三册第四十五页）

25　水火喻

原典

昔有一人，事须火用，及以冷水，即便宿①火，以澡盥盛水，置于火上。后欲取火，而火都灭；欲取冷水，而水复热。火及冷水，二事俱失。

世间之人，亦复如是。入佛法中，出家求道。既得出家，还复念其妻子眷属、世间之事、五欲之乐。由是之故，失其功德之火、持戒之水。念欲之人，亦复如是。

注释

① 宿：同缩，取。

译文

往昔有一人做事,需用火和冷水,就取来了火,以澡盥盛水,放在火上。后来想取火用,而火都灭了;要取冷水用,而水又烧热了。火及冷水,两样东西都失却了。

世上的人也是这般,皈依了佛法,出家求道,既已出家了,又回首怀念妻子、儿女、父母、眷属,以及俗世的情事,财、色、名、食、睡这五欲的怡乐,因此而失却了他原有的功德精进的火苗、持受戒律的清净之水。念恋情欲的人,两样都失,也是这般。

解说

进不得邯郸之步,退又失寿陵之义,俱是两失之境。

26 人效王眼瞤喻

原典

昔有一人,欲得王意,问余人言:"云何得之?"有人语言:"若欲得王意者,王之形相,汝当效之。"此人即便往至王所,见王眼瞤,便效王瞤。王问之言:"汝为病耶?为着风耶?何以眼瞤?"其人答王:"我不病眼,亦不着风,欲得王意,见王眼瞤,故效王也。"王闻是语,即大嗔恚,即便使人种种加害,摈令出国。

世人亦尔,于佛法王欲得亲近,求其善法,以自增长。既得亲近,不解如来法王为众生故,种种方便,现其阙短,或闻其法,见其字句不正,便生讥毁,效其不是。由是之故,于佛法中永失其善,堕于三恶,如彼愚人,亦复如是。

译文

从前有一个人，想讨国王的欢喜，就问他人："如何才能得国王的欢心？"有人说道："你想讨国王的欢喜，他的形相，你应该仿效。"此人这就到国王那儿去，见国王眼皮眨巴眨巴，于是也仿效着眨巴眨巴。国王便问他："你是病了，还是着了风了？怎么眼皮眨个不停？"此人答道："我眼没病，也没着风，想要讨得大王的欢喜，见大王眼皮眨巴，所以也学着眨巴。"国王听了这话，就勃然大怒，即刻令人对他施行种种惩罚，并赶出国去。

世人也是这样，想要亲近佛陀，求得顺理益己的善法，来使自己的德行增长。既已亲近了佛陀，却不懂得如来法王为了大众的缘故，佛陀用种种善巧权便的方法来引导世人进入佛法之中，不免显出一些缺失短处来，或是听到佛法有字句不正的地方，就讥讽、毁谤起来，学它的不是之处。这个缘故，便永远在佛法中失掉了修行的顺益，堕落于地狱、饿鬼、畜生三恶之中，如那个愚人一样。

解说

　　此则可与第五十七则《蹋长者口喻》比看。《杂阿含经》卷十四：如卖针人，至针师门，欲求卖针，终不可售。(《中华大藏经》第三十三册第一三九页)

27 治鞭疮喻

原典

昔有一人,为王所鞭。既被鞭已,以马屎傅之,欲令速差。有愚人见之,心生欢喜,便作是言:"我快得是治疮方法。"即便归家,语其儿言:"汝鞭我背,我得好法,今欲试之。"儿为鞭背,以马屎傅之,以为善巧。

世人亦尔,闻有人言,修不净观①即得除去五阴身疮②,便作是言:"我欲观于女色及以五欲③。"未见不净,反为女色之所惑乱,流转生死,堕于地狱。世间愚人,亦复如是。

注释

① **不净观**:为了治贪心而观身体的不净,一是观

自身的不净，二是观他身的不净，人的一切，无一净相。

② **五阴身疮**：色、受、想、行、识这五阴的色身，有着眼、耳、鼻、舌、口、大小便道之类泄漏不净的疮门，故名五阴身疮。

③ **五欲**：指财欲、色欲、饮食欲、名欲、睡眠欲。

译文

从前有个人被国王鞭打了，之后，便用马屎敷在伤口上，想让它快快弥合。有位愚人见了，心中大为欢喜，说道："我一转眼就学到了这个治疮方法。"即刻归家去，对儿子说："你鞭打我的背脊，我得了一个妙法，现今想试一下。"儿子就为他鞭打脊背，而后用马屎敷在伤口上，觉得很是巧妙有效。

世人也是这样，听有人说修不净观即可除去五阴身疮，便说："我想观女色和五欲。"没有看到不净，反而受了女色的惑乱，流转于生死轮回之中，堕于地狱。世间的愚人，也如那特意打背而治疮的人那样。

28　为妇贸鼻喻

原典

昔有一人,其妇端正,唯有鼻丑。其人外出,见他妇面貌端正,其鼻甚好,便作是言:"我今宁可截取其鼻着我妇面上,不亦好乎?"即截他妇鼻,持来归家,急唤其妇:"汝速出来,与汝好鼻。"其妇出来,即割其鼻,寻以他鼻着妇面上。既不相着,复失其鼻,唐[①]使其妇受大苦痛。

世间愚人亦复如是,闻他宿旧沙门、婆罗门有大名德,而为世人之所恭敬,得大利养,便作是念言:我今与彼便为不异。虚自假称,妄言有德,既失其利,复伤其行,如截他鼻,徒自伤损。世间愚人,亦复如是。

注释

① 唐：徒然、空。

译文

从前有一个人，他的妻子长得端正，只是鼻子难看。这人外出之际，见别人的妻子面貌端正，鼻子长得很好，便说："我现今可把她的鼻截取下来安着到我妻子面孔上去，不是很好吗？"随即将别人妻子的鼻子截下来，拿回家去，急急地叫妻子："你快出来，给你好鼻。"他妻子一出来，就割了她的鼻子，旋而将他人的鼻子安着在妻子面孔上。既安不上去，又失了她原先的鼻子，空佬佬地使她受了大苦痛。

世间的愚人也是这样，听闻那些年高的沙门、婆罗门有大名德，因而受到世人的敬重，获得丰富的供养，便想：现今我与他们便是一样的了。就虚假地自称有德，既失掉了修证的功德，又损及了自身的品行，如截来他人的鼻子，徒然使自己受到损伤一般。世间的愚人，也是这般。

29　贫人烧粗褐衣喻

原典

昔有一人,贫穷困乏,与他客作,得粗褐衣,而被着之。有人见之,而语之言:"汝种姓端正,贵人之子,云何着此粗弊衣褐?我今教汝,当使汝得上妙衣服。当随我语,终不欺汝。"贫人欢喜,敬从其言。其人即便在前然火,语贫人言:"今可脱汝粗褐衣着于火中,于此烧处,当使汝得上妙钦服。"贫人即便脱着火中。既烧之后,于此火处求觅钦服,都无所得。

世间之人,亦复如是,从过去身修诸善法,得此人身,应当保护,进德修业,乃①为外道邪恶妖女之所欺诳:"汝今当信我语,修诸苦行,投岩赴火,舍是身已,当生梵天,长受快乐。"便用其语,即舍身命。身死之后,堕于地狱,备受诸苦。既失人身,空无所获,如彼贫人,亦复如是。

注释

① **乃**:却。

译文

从前有一个人,贫穷困乏,给人家做活,得了一件粗布衣,就穿上了。有人见了,对他说:"你是上等种姓、贵人的后代,如何穿着这般破旧的粗布衣?我现在教你一下,可以使你得到一件上乘的漂亮衣裳。应听我的话,终究是不骗你的。"贫人听了,很是欢喜,愿意遵循他的话。那人就在面前燃起火来,对贫人说:"如今可把你的粗布衣脱下,放在火中,在这焚烧之处,会使你得到一件上乘的漂亮衣服。"贫人即便脱下,扔入火中。烧完之后,在这燃火之处觅求好衣服,一无所得。

世上的人,也是这样,过去生修行种种善法,由此才得了这人身,应当保护它,进一步修行自己的德业,却受了外道及邪恶的妖女的欺诳:"你如今应当信从我的话,修习种种苦行,投入到岩崖下去,跳进火坑里去,将这身体舍弃了,便可生到梵天上去,长远地得到快乐。"世上的人就依从了他们的话,遂即舍弃了肉体的生命。身体死去之后,就堕入到地狱里,备受了种种痛苦。既失了人身,又空无所获,像那个贫人,也是这样。

解说

关于投岩赴火可生梵天的学说,《杂宝藏经》卷十以譬喻形式做了嘲讽性驳斥,现今译如下:

往昔有一个婆罗门,妻子年轻壮实,姿容艳美,欲情深重,常有着淫荡的意念。因有婆婆在,不得遂意,便在心中想了一个奸诈的计策,欲除去婆婆。

自此之后,她很是孝养婆婆,朝夕供给没有一丝一毫的短乏。丈夫很欢喜,道:"你真是个孝妇。我母亲日渐老了,全靠着你了。"妻子答道:"如今我这般只是人世间的供养罢了,资养实在不多;倘若得了天的供养,我们孝顺的意愿便达到了。颇有生天的妙法吗?"丈夫说道:"依婆罗门的学说,投岩赴火,五热炙身,便可以生天。"妻子忙道:"倘若有这等妙法,婆婆即可生天,受自然的供养,就不必这般孜孜地受人世的供养了。"丈夫信了她的话,便在田野中做了大火坑,积了许多柴薪,就在火坑边上设宴会,扶将老母而来,招集亲党和众婆罗门，鼓乐弦歌，竟日尽欢。待宾客散了，夫妇将老母带至火坑边，推了下去，不顾而走。

当时，火坑中有一块小石级，老母堕在石级上，最终没有跌入火中，便很快爬出坑来。见日已逼暗了，就按来时路径回家去。途经丛林，四面阴黑，老母畏惧虎、狼、罗刹鬼等，便攀上矮树。恰值贼人偷了众多财宝，群党相随，到树下来休息。老母很是害怕，不敢动一动，却自制不住，在树上咳了一下。贼听到这咳声，以为是恶鬼，便舍弃财物，四散而走。到得天明，老母无所畏惧了，便泰然下树，选取财宝，将香璎珠玑、金钏耳铛、珍奇杂物满负着，向家行去。

夫妇见了老母，愕然惊惧，以为是起尸鬼，不敢走上前来。老母便说道："我死后生了天，获得了很多财宝。"顺手将它们放了下来，"喏，香璎珠玑、金钏耳铛，是你父母、姑姨、姊妹叫我带来与你的，我老弱了，不能多负，他们让我来叫你去，便恣意与你"。

那女人听罢，早已欣喜不耐，奔去对丈夫讲："婆婆今日因投火坑，得了财宝，却由于力弱，不能多负，倘若我去的话，必定多带些来。"丈夫便依照她的话，做了火坑，妻子容光闪烁着，纵身投入。未久，焦烂。（原文参见《大正藏》第四册第四九八页）

30 牧羊人喻

原典

昔有一人,巧于牧羊,其羊滋多,乃有千万。极大悭贪,不肯外用。时有一人,善于巧诈,便作方便,往共亲友,而语之言:"我今共汝极成亲爱,便为一体,更无有异。我知彼家有一好女,当为汝求,可用为妇。"牧羊之人,闻之欢喜,便大与羊及诸财物。其人复言:"汝妇今日已生一子。"牧羊之人,未见于妇,闻其已生,心大欢喜,重与彼物。其人后复而与之言:"汝儿已生,今死矣!"牧羊之人,闻此人语,便大啼泣,嘘欷不已。

世间之人,亦复如是,既修多闻,为其名利,秘惜其法,不肯为人教化演说,为此漏身之所诳惑,妄期世乐，如己妻息①，为其所欺，丧失善法。后失身命并及财物，便大悲泣，生其忧苦。如彼牧羊人，亦复如是。

注释

① 息：子女。

译文

从前有一个人，善于牧羊，羊越来越多，乃至于成千上万，却很是悭贪，不肯让外人沾点儿光。这时有一个人精于诡计，就找机会，去与他交朋友，对他说："如今我与你最为要好了，已经成了一体，再没分异之处了。我知道某家有一个好姑娘，我会替你去说媒，可让她来做你的妻子。"牧羊人听了欢喜，便给了他许多羊和财物。这人又对他说："你妻子今日生了一个儿子。"牧羊人还没见到妻子，听见已生了儿子，心中大欢喜，又给了他财物。这人后来又对他说："你儿子生了之后，于今日死了。"牧羊人听了这话，便大哭起来，嘘欷不已。

世上的人也是如此，既修习经文了，出于名利的考虑，保守住记忆和理解的方法，不肯为众人教化演说，受了这有漏身体的迷惑，妄求世间的欢乐，譬如自己的妻子儿女之类，受了这些欢乐的欺诳，从而丧失了善法。后来就丧失了身体的生命以及财物，便悲泣起来，产生了忧苦。如那个牧羊人，也是这样。

源流

燕人生于燕而长于楚，及老而还本国。过晋国，同行者诳之，指城曰："此燕国之城。"其人愀然变容。指社曰："此若里之社。"乃喟然而叹。指舍曰："此若先人之庐。"乃涓然而泣。指垄曰："此若先人之冢。"其人哭不自禁。同行者哑然大笑，曰："予昔绐若，此晋国耳。"其人大惭。及至燕，真见燕国之城社，真见先人之庐冢，悲心更微。（《列子·周穆王》）

31　雇倩瓦师喻

原典

昔有婆罗门师,欲作大会①,语弟子言:"我须瓦器以供会用。汝可为我雇倩②瓦师,诣市觅之。"时彼弟子往瓦师家。时有一人,驴负瓦器,至市欲卖。须臾之间,驴尽破之。还来家中,啼哭懊恼。弟子见已,而问之言:"何以悲叹懊恼如是?"其人答言:"我为方便③,勤苦积年,始得成器。诣市欲卖,此弊恶驴,须臾之顷,尽破我器,是故懊恼。"尔时弟子见闻是已,欢喜而言:"此驴乃是佳物,久时所作,须臾能破。我今当买此驴。"瓦师欢喜,即便卖与。乘来归家,师问之言:"汝何以不得瓦师将来,用是驴为?"弟子答言:"此驴胜于瓦师。瓦师久时所作瓦器,少时能破。"

时师语言："汝大愚痴，无有智慧。此驴今者适可能破，假使百年，不能成一。"

世间之人亦复如是，虽千百年受人供养，都无报偿，常为损害，终不为益。背恩之人亦复如是。

注释

① **大会**：盛大的法会。
② **倩**：请。
③ **方便**：善巧。

译文

过去有位婆罗门师，想举办一场隆重的法会，对弟子说："我需要一批瓦器，以供法会使用。你去替我雇请一位瓦师来，这可到市集上去寻觅。"那弟子即前往瓦师家去。这时有一人赶着驴负着瓦器到市场上去卖掉，那头驴才一会儿的工夫就把瓦器都打破了。此人回到家中，心里懊恼，就啼哭起来。婆罗门弟子见了，便问："为何这般悲叹懊恼？"此人答道："我用了种种善巧的方法，经过许多年的勤苦，方做成了瓦器。拉到市场上想卖，这头破驴子顷刻之间都把瓦器打砸了，所以我懊恼。"弟子听了，心中欣喜，想道："这头驴真是好东西，历经久时做成的东西，顷刻之间就能把它破掉。如今我应把这头驴买下来。"瓦师很高兴，立即就把驴卖给他。弟子乘着回家来，师父问道："你为什么不把瓦师带来，这驴子能派上什么用场？"弟子答道："这头驴子胜过瓦师呢！瓦师历经久时做成的瓦器，它转眼就能打破。"这时师父呵责道："你这愚痴之人，没有智慧。这驴的确是能一下子打破的，然而即使给它一百年辰光，也不能做出一个瓦器来。"

世间的人也是这样，虽则千百年来，一直受到人家的供养，却毫无报偿，专做损害他人的事情，从来没有行过一点善。背恩的人也正是这样。

解说

破而不能成、不能立，则只有负面的意义。

32　估客偷金喻

原典

昔有二估客,共行商贾。一卖真金,其第二者卖兜罗绵①。有他买真金者,烧而试之。第二估客即便偷他被烧之金,用兜罗绵裹。时金热故,烧绵都尽。情事既露,二事俱失。

如彼外道,偷取佛法,着己法中,妄称己有,非是佛法。由是之故,烧灭外典,不行于世。如彼偷金,事情都现,亦复如是。

注释

① 兜罗绵:兜罗,梵文 Tūla,是树的名称,绵从树果中生出来,亦即木棉。另外野蚕茧也叫兜罗绵。

译文

从前有两个商人一起做买卖。一个是卖真金,另一个是卖兜罗绵。有位顾客来买真金,放在火上烧了,来试测金子的纯度。那另一个商人就立即偷了这块试烧的金子,拿兜罗绵裹着。当时金子炽热的缘故,绵都烧尽了。事情败露,两样东西都失却了。

这就好像那些外道,偷取了佛教的学说,安装进自己的学说中,谎说是自己原本就有的,并不是佛教的学说。不相融合的缘故,反而毁灭烧坏了外道的典籍,使它湮没于世,没有流传下来。就如那个偷金的人,事情全败露了,金绵都失却一样。

解说

外道的典籍,从现存情况来看,确是不流传于世,许多材料由于佛典对之作述评而留存着。如《长阿含经》的引述即为一例。

33　斫树取果喻

原典

昔有国王,有一好树,高广极大,当生胜果,香而甜美。时有一人来至王所。王语之言:"此之树上将生美果,汝能食不?"即答王言:"此树高广,虽欲食之,何由能得?"即便断树,望得其果。既无所获,徒自劳苦。后还欲竖,树已枯死,都无生理。

世间之人亦复如是。如来法王有持戒树,能生胜果。心生愿乐,欲得果食,应当持戒,修诸功德。不解方便,反毁其禁,如彼伐树,复欲还活,都不可得。破戒之人,亦复如是。

译文

从前有位国王,拥有一棵好树,长得高大,树冠宽广,将要结出香而甜美的好果子来。这时有一个人来到了国王居住的地方。国王对他说:"这棵树上将结美果了,你想吃吗?"这人就答道:"这棵树高大宽广,虽然想吃,怎么才能够摘得到呢?"于是就斫断了树,期望摘到果子。却一无所获,徒然地劳苦了一番。后来想栽回去,树已枯死,毫无生机。

世上的人也是这样。如来法王有一棵持戒树,能结出好果子来。心内涌出了渴求满足的快乐来,想要得到那果子,那么,就应当持受戒律,修行种种功德。世上的人不会运用权便的智慧,反而破了戒,如那个伐了树还想种活的人一样,什么都得不到。破戒的人,也是这样。

解说

持受禁戒,修行功德,都是趣向于一切真理的无上智慧的津梁,虽则不是最终的目标,却是通向最终目标不可或缺的方法,因而必须固守,且日日精进,以求获得胜果。

34 送美水喻

原典

昔有一聚落，去王城五由旬①。村中有好美水。王敕村人，常使日日送其美水。村人疲苦，悉欲移避，远此村去。时彼村主语诸人言："汝等莫去，我当为汝白王，改五由旬作三由旬，使汝得近，往来不疲。"即往白王。王为改之，作三由旬。众人闻已，便大欢喜。有人语言："此故是本五由旬，更无有异。"虽闻此语，信王语故，终不肯去。

世间之人，亦复如是，修行正法，度于五道，向涅槃城，心生厌倦，便欲舍离，顿驾生死，不能复进。如来法王有大方便，于一乘法分别说三。小乘之人，闻之欢喜，以为易行，修善进德，求度生死。后闻人说，无有三乘，故是一道。以信佛语，终不肯舍。如彼村人，亦复如是。

注释

① **由旬**：印度古代计程单位，是梵文 Yojana 的音译。此词的原初含义是套一次牛所行的路程，只是一个大致的界定而已，约三十里。

译文

从前有个村落，距王城五由旬路程。村中有好美水。国王命令村里人日日给他送美水去。村里人疲苦不堪，全都想移居到别处去，远离这个村落。这时村主对众人说："请大家不要离开，我会替你们去跟国王讲，把五由旬的路程改称三由旬，使距离短些，你们往来就不疲苦了。"村主即去对国王讲了。国王同意改为三由旬。众人听了，就很是欢喜。有人说道："这依旧是原先的五由旬，一点也没有变。"村民们虽是听了这话，然而相信国王的言语的缘故，终究不肯搬走。

世上的人也是这样，修行着大乘正法，度过地狱、饿鬼、畜生、人、天这五道，向泯灭了生死因果的涅槃城走去，却产生了厌倦的心情，就想避开这条漫长的路途，祈望顿时凌越出生死的轮回，不想再进一步地修行正法了。如来法王就用权便的方法，把纯粹一乘的正法分开来说成声闻、缘觉、菩萨三乘。具有小乘根性的人听了，很是欢喜，以为容易实行，便继续修行善德，以求渡过生死苦海。后来又听人说没有三乘，原本就是同一条道路，就是菩萨乘这一乘。信奉佛说法的缘故，终究不肯舍去成见的执着。像那些村民一样，信奉国王的言语。

源流

《庄子·齐物论》：狙公赋（分配）芧，曰："朝三而暮四。"众狙皆怒。曰："然则朝四而暮三。"众狙皆悦。名实未亏而喜怒为用，亦因是也。

《列子·黄帝》：宋有狙公者，爱狙，养之成群，能解狙之意，狙亦得公之心。损其家口，充狙之欲。俄而匮焉，将限其食，恐众狙之不驯于己也，先诳之曰："与若芧，朝三而暮四，足乎？"众狙皆起而怒。俄而曰："与若芧，朝四而暮三，足乎？"众狙皆伏而喜。物之以能鄙相笼，皆犹此也。圣人以智笼群愚，亦犹狙公以智笼众狙也。名实不亏，使其喜怒哉。

《妙法莲华经》卷六《譬喻品》：国邑聚落，有大长者，……财富无量，……其家广大，唯有一门……周匝俱时欻然火起，焚烧舍宅。长者诸子，若十、二十或至三十，在此宅中。长者见是大火从四面起，即大惊怖，而作是念：我虽能于此所烧之门安隐得出，而诸子等于火宅内乐着嬉戏，不觉不知，不惊不怖，火来逼身，苦痛切己，心不厌患，无求出意。……

是长者作是思维：我身手有力，当以衣裓，若以几案，从舍出之。复更思维：是舍唯有一门，而复狭小，诸子幼稚，未有所识，恋着戏处，或当堕落，为火所烧。我当为说怖畏之事，此舍已烧，宜时疾出，无令为火之所烧害。作是念已，如所思维，具告诸子："汝等速出！"父虽怜愍，善言诱喻，而诸子等乐着嬉戏，不肯信受，不惊不畏，了无出心，亦复不知何者是火，何者为舍，云何为失，但东西走戏，视父而已。尔时长者即作是念：……我今当设方便，令诸子等得免斯害。父知诸子先心各有所好，种种珍玩奇异之物，情必乐着，而告之言："汝等所可玩好，希有难得，汝若不取，后必忧悔。如此种种羊车、鹿车、牛车，今在门外，可以游戏。汝等于此火宅宜速出来，随汝所欲，皆当与汝。"

尔时，诸子闻父所说珍玩之物，适其愿故，心各勇锐，互相推排，竞共驰走，争出火宅。是时，长者见诸子等安隐得出，皆于四衢道中露地而坐，无复障碍，其心泰然，欢喜踊跃。时，诸子等各白父言："父先所许玩好之具，羊车、鹿车、牛车，愿时赐与。"……尔时，长者各赐诸子等一大车，其车高广，众宝庄校。……如彼长者，初以三车诱引诸子，然后但与大车，宝物庄严，安隐第一，然彼长者无虚妄之咎，如来亦复如是，无有虚妄。

初说三乘引导众生，然后但以大乘而度脱之。何以故？如来有无量智慧力无所畏诸法之藏，能与一切众生大乘之法，但不尽能受。……以是因缘，当知诸佛方便力故，于一佛乘，分别说三。（《大正藏》第九册第十二至十三页）

解说

方便是相对于真实而言的，根本的旨归是真实，而借助于善巧、善权，以便进入到那真实之门去，就是方便了。从根本上来说，方便其实并不存在，只是随顺事物权且显现而已。

35　宝箧镜喻

原典

昔有一人,贫穷困乏,多负人债,无以可偿,即便逃避。至空旷处,值得一箧,满中珍宝。有一明镜,着珍宝上,以盖覆之。贫人见已,心大欢喜,即便发之,见镜中人,便生惊怖,叉手语言:"我谓空箧,都无所有,不知有君在此箧中,莫见嗔也。"

凡夫之人亦复如是,为无量烦恼之所穷困,而为生死、魔王、债主之所缠着,欲避生死,入佛法中,修行善法,作诸功德,如值宝箧,为身见镜之所惑乱,妄见有我,即便封着,谓是真实。于是堕落,失诸功德,禅定道品,无漏诸善,三乘道果,一切都失。如彼愚人,弃于宝箧,着我见者,亦复如是。

译文

从前有一个人,贫穷困乏,欠了人家许多债,无钱可以偿还,就逃走避债去了。到了一处空旷的地方,遇见一只箱子,内中装满了珍宝。有一面明镜,放在珍宝上,用来盖覆这些东西。贫人见了,心中异常高兴,即刻就打开来,见到镜中有个人,不胜惊讶,且害怕起来,拱手说道:"我以为是空箧,一无所有的,不知有您在这箧中,请不要生气。"

世间的人也是这样,受着无量烦恼的穷迫困扰,又受着生死、魔王、债主的缠着,想要逃避生死,就进入佛法中,修行善法,做种种功德,恰如遇见宝箧一般,受到对身体持真实之我的见解这面镜子的惑乱,错误地以为有真实的我,即刻就封闭起来,与善法无缘了。于是堕落,失掉了种种功德,心体寂静,止于一境的道法的品类,出离了烦恼的种种善法,历经三乘由菩提之道证得涅槃之果,所有这一切都失却了。像那愚人一样,弃离了宝箧,执着于真实之我的见解的人,也是这样。

源流

《杂譬喻经》(后汉佚名译)卷下:昔有长者子新迎(娶)妇,甚相爱敬。夫语妇言:"卿入厨中取蒲桃酒来共饮之。"妇往开瓮,自见身影在此瓮中,谓更有女人,大恚,还语夫言:"汝自有妇藏着瓮中,复迎我为?"夫自入厨视之,开瓮见己身影,逆恚其妇,谓藏男子。二人更相忿恚,各自呼为实。有一梵志与长者子素情亲厚,过与相见,夫妇斗,问其所由,复往视之,亦见身影,恚恨长者:"自有亲厚藏瓮中,而阳(佯)共斗乎?"即便舍去。复有一比丘尼,长者所奉,闻其所诤如是,便往视瓮中,有比丘尼,亦恚舍去。须臾,有道人亦往视之,知为是影耳,喟然叹曰:"世人愚惑,以空为实也。"呼妇共入视之,道人曰:"吾当为汝出瓮中人。"取一大石,打坏瓮,酒尽,了无所有。二人意解,知定身影,各怀惭愧。(《大正藏》第四册第五〇九页)

《大智度论》卷八十九:如人暗中见似人物,谓是实人,而生畏怖;又如恶狗临井自吠其影,水中无狗,但有其相,而生恶心,投井而死。(《大正藏》第二十五册第六九一页)

《维摩诘所说经·观众生品》第七"菩萨云何观于众生"句下,僧肇撰《注维摩诘经》卷六:"如一痴人行路,遇见遗匣,匣中有大镜,开匣视镜,自见其影,谓是匣主,稽首归谢,舍之而走。"(《大正藏》第三十八册第三八三页)

《楞严经》卷四:室罗达城演若达多忽于晨朝以镜

照面，爱镜中头，眉目可见，嗔责己头，不见面目，以为魑魅，无状狂走。（《大正藏》第十九册第一二一页）

唐开元敦煌写本残卷《启颜录》：鄠县董子尚村，村人并痴。有老父遣子将钱向市买奴，语其子曰："我闻长安人卖奴，多不使奴预知之，必藏奴于余处，私相平章（洽谈），论其价值，如此者是好奴也。"其子至市，于镜行（hāng）中踒行，人列镜于市，顾见其影，少而且壮，谓言（以为）市人欲卖好奴，而藏着镜中，因指麾（指点）镜曰："此奴欲得几钱？"市人知其痴也，诳之曰："奴值十千。"便付钱买镜，怀之而去。至家，老父迎门问曰："买得奴何在？"曰："在怀中。"父曰："取看好不？"其父取镜照之，正见眉须皓白，面目黑皱，乃大嗔，欲打其子，曰："岂有用十千钱，而贵买如此老奴？"举杖欲打其子。其子惧而告母，母乃抱一小女走至，语其夫曰："我请自观之。"又大嗔曰："痴老公，我儿止（只）用十千钱，买得子母两婢，仍自嫌贵？"老公欣然。释之余（把它放下之后），于处（放的地方）尚不见奴，俱谓奴藏未肯出。

时东邻有师婆，村中皆为出言甚中（中的，有效验），老父往问之。师婆曰："翁婆老人，鬼神不得食，钱财未聚集，故奴藏未出，可以吉日多办食求请之。"老父因大设酒食请师婆。师婆至，悬镜于门，而作歌舞。村中皆共观之,来窥镜者,皆云:"此家旺相,买得好奴也。"而悬镜不牢,镜落地分为两片。师婆取照,各见其影,乃大喜曰:"神明与福,令一奴而成两婢也。"因歌曰:"合家齐拍掌,神明大歆飨(享受祭品)。买奴合(合当)婢来,一个分成两。"

同上本《启颜录》:隋初有同州人负麦饭(炒麦粉)入京粜(卖出)之。至渭水上,时冰正合,欲食麦饭,须得水和,乃穿冰作孔取水,而谓冰孔可就中和饭,倾饭于孔中。倾之总尽,随倾随散,其人但知叹惜,竟不知所以。良久,水清,照见其影,因叫曰:"偷我麦饭者只是此人。此贼犹不知足,故自仰面看我。"遂向水打之,水浊不见,因大嗔而去,云:"此贼始见在此,即向何处?"至岸,见有砂,将去便归。

《不识镜》(出《笑林》):有民妻不识镜,夫市(买)之而归。妻取照之,惊告其母曰:"某郎又索一妇归也。"其母亦照,曰:"又领亲家母来也。"(《太平广记》卷二六二,第二〇五一页,北京中华书局一九六一年版)

陈继儒《晚香堂小品》卷五《赠杨姬》:少妇颜如花,妒心无乃竞。忽睹镜中人,扑碎妆台镜。

解说

此则可与第六十三则《伎儿着戏罗刹服共相惊怖喻》并读。

倡导"有我"之说最力者，是婆罗门教，主张梵与我均为世界的原质，并且梵即我，我即梵，梵我合一。《唱徒集奥义书》六之八载乌德拉克对他的儿子施伟塔克图诏示梵的密义：

其父曰："置此盐于水中，明晨其来见我。"其子奉行。父谓之曰："趣（去）取置于水中之盐。"子觅之不得，固已全化矣。父曰："于水面尝之若何？"子曰："盐。"（咸）父曰："于中间尝之，若何？"子曰："盐。"父曰："于水底尝之，若何？"子曰："盐。"父曰："弃之，再来谒（拜见）我。"子行之，然盐仍在。父乃曰："于此身中，汝亦不能觅见实质，但彼固亦存在。彼神秘之原体，世界以之为精魂。彼乃真实，彼乃自我，彼（大梵）乃汝（自我）。"（引自汤用彤《印度哲学史略》，第二十页，北京中华书局一九八八年版）

而佛陀却以为世界上的种种现象是互相依赖、互为条件的，因而建立了诸法互为因果的缘起论，认为我只是四大（地、火、水、风）和合的假我，没有永恒的自性，没有实在的我体。关于这点，《大智度论》卷十二有一则譬喻故事说得明白，现在将它今译如下：

从前有一个人出门远行，独自宿在空舍之中。夜半时分，有鬼背着一个死人，过来放在他面前。后面另有一鬼追逐而来，怒目而骂："这死人，是我的物品，你怎么转瞬之间背了就走？"先前的那鬼道："是我的物品，我自然可以拿来。"后来的这鬼道："这死人，其实是我背来的。"二鬼便各捉住一足一手来争。先前的那鬼就说："这儿有人，可问他。"后来的这鬼随即问道："这死人，到底是谁背来的？"这人暗想，这两个鬼力大无比，无论是实告抑或是说谎，都不能免于死，便说："先前的鬼背来的。"后来的这鬼大怒，捉住这人的手，拔出，扔在地上。先前的那鬼取下死人的一只手臂，顺势一黏，便牢牢地生住了。如此这般，两臂两脚，头颅肋部，全身都改换了。于是二鬼滋滋有味地共同食下这人的身体，餍足地拭口而去。这人想道："我父母所给的身体眼睁睁地看着二鬼食尽。如今我的身体全是别人的肉，这算是有身体呢，还是没有身体？"便走到佛塔前去请教各位比丘，详尽地诉说了上述事情。各位比丘说道："开天辟地以来，就没有什么'我'，只是把地、水、火、风这四大种元素和合起来，姑且算作我身，譬如你本来的身，与现在的毫无差别。"（参见《大正藏》第二十五册第一四八页）

36 破五通仙眼喻

原典

昔有一人,入山学道,得五通①仙,天眼彻视,能见地中一切伏藏种种珍宝。国王闻之,心大欢喜,便语臣言:"云何得使此人常在我国,不余处去,使我藏中得多珍宝?"有一愚臣,辄便往至,挑仙人双眼,持来白王:"臣以②挑眼,更不得去,常住是国。"王语臣言:"所以贪得仙人住者,能见地中一切伏藏。汝今毁眼,何所复任?"

世间之人亦复如是,见他头陀苦行,山林旷野,冢间树下,修四意止③及不净观④,便强将来,于其家中,种种供养。毁他善法,使道果不成,丧其道眼,已失其利,空无所获。如彼愚臣,唐毁他目也。

注释

① **五通**：一般所谓五通，指修四根本静虑所得五种超自然之能力。又作五神通，即天眼通、天耳通、神足通、他心通、宿命通。

② **以**：已。

③ **四意止**：又称四念住、四念处。即以自相、共相，观身不净、观受是苦、观心无常、观法无我，以次第对治净、乐、常、我等四颠倒之观法。

④ **不净观**：又作不净想。为五停心观之一。即观想自他肉体之污秽，以对治贪欲，烦恼之观法。人的尸体随时间而变化为丑陋之形状等不净之观尸法，主要对治贪欲之心。

译文

从前有一个人入山学道，成为得到五种神通的仙人，天眼彻视，能看见地下一切隐伏着的宝藏。国王听闻了这事，很高兴，就对臣下说："如何才能使这人常留在我国，不到别处去，使我的库藏中的珍宝源源不断地增加？"有一位愚臣即刻前往仙人那儿去，把他的双眼挑了，拿来对国王说："臣已经挑了他的眼睛，就再也离不开了，常住在这国家了。"国王对大臣说："所以渴望仙人留住在这儿,只是因为他能见地中一切隐伏着的宝藏。如今你毁了他的眼睛,还有什么用?"

世人也是这样,见头陀在山林旷野、冢间树下苦行,修习四意止和不净观,便强行拉他到家里来,好生供养起来。结果是毁了他的善法,使道果不能成就,丧失掉他的道眼,已失掉了他的苦行所得,供养他应得的好处也就都一无所获了。就像那个愚臣,平白地毁掉仙人的眼睛。

37　杀群牛喻

原典

昔有一人,有二百五十头牛,常驱逐水草,随时喂食。时有一虎,啖食一牛。尔时牛主即作念言:已失一牛,俱不全足,用是牛为?即便驱至深坑高岸,排着坑底,尽皆杀之。

凡夫愚人,亦复如是,受持如来具足之戒,若犯一戒,不生惭愧,清净忏悔,便作念言:我已破一戒,既不具足,何用持为?一切都破,无一在者。如彼愚人,尽杀群牛,无一在者。

译文

从前有一个人,养着二百五十头牛,常驱逐它们至水草丰美的地方,让它们随时可吃。这时一只老虎吃掉了一头牛。牛主人便想：已经去掉了一头，破了我的整数，还要这牛做什么呢？就把牛驱赶至深坑的高岸边，都推排到坑底去杀死了。

世上的愚人也是这样，受持如来二百五十条具足圆满的戒律，倘破了其中的一条，没有产生惭愧之情，去脱掉恶行的垢染，去真诚地忏悔，反而这样想：我已破了一戒，既已不具足完整了，还要受持下去吗？就把一切戒都破掉了，无一存留。就像那个愚人，把牛群全杀尽了，无一存留。

源流

《大庄严经论》卷六：如人耻白发，并剃其黑者。剃之未久间，白发寻还生。（《中华大藏经》第二十九册第六六〇页）

《弘明集》卷六道恒法师《释驳论》：无异人苦头虱，因欲并首俱焚，患在足刺，遂欲通股全解，不亦滥乎！（《大正藏》第五十二册第三十五页）

解说

俗语所谓要么流芳百世，要么遗臭万年，也是追求具足或全然毁坏的心理表现。

38　饮木筒水喻

原典

昔有一人，行来渴乏，见木筒中有清净流水，就而饮之。饮水已足，即便举手语木筒言："我已饮竟，水莫复来。"虽作是语，水流如故，便嗔恚言："我已饮竟，语汝莫来，何以故来？"有人见之，言："汝大愚痴，无有智慧。汝何以不去，语言莫来？"即为挽却，牵余处去。

世间之人亦复如是，为生死渴爱，饮五欲①咸水。既为五欲之所疲厌，如彼饮足，便作是言："汝色、声、香、味莫复更来，使我见也。"然此五欲相续不断。既见之已，便复嗔恚："语汝速灭，莫复更生，何以故来，使我见之？"时有智人而语之言："汝欲得离者，当摄汝六情，闭其心意，妄想不生，便得解脱。何必不见，欲使不生？"如彼饮水愚人，等无有异。

注释

① **五欲**：又作五妙欲、妙五欲，指染着色、声、香、味、触等五境所起的五种情欲。即色欲、声欲、香欲、味欲、触欲。

译文

从前有一个人，一路走来，口渴身乏，见木筒中有清净流水，便就着喝起来。待到喝足了，便举手指着木筒说："我已喝够了，水你不要再流出来了。"虽然说了这话，水依然流个不止，这人就大怒道："我喝够了，叫你不要来了，为何依旧来？"有人见了，说："你这大愚痴，没有智慧，你为何不离去，却说水不要再来？"随即把他拉走了。

世上的人也是这样，出于生死渴爱的缘故，畅饮那色、声、香、味、触这五欲咸水。五欲既已得到了满足，就如那人饮水饱足了，便疲乏厌倦起来，说："你们这些色、声、香、味，不要再来让我见到了。"然而这五欲相续不断，绵绵不绝。世上的人见了，便怒道：

"叫你们速速灭去,不要再产生,为何依然来,让我见到呢?"这时有智人对他说:"你想要离却五欲,应当收摄你眼、耳、鼻、舌、身、意这六根所产生的情识,关闭心中的思量,这样,妄想就不会出现,便可以得到解脱。何必眼不见,方可不生贪恋呢?"就像那饮水的愚人一样。

源流

《大正句王经》卷上:往昔有一聚落,其中人民不识螺相,亦复未曾闻其螺声。忽有一人从外而来,到彼聚落,而便止住。是人常持一螺,以为功业,每日执螺,诣于圣像,鸣螺供养。供养已讫,复还住处。时聚落中一切人民,忽闻螺声,咸悉惊怪,共往螺处,问彼螺言:"尔从何来?可依实答。若不言实,我当破汝。"螺既无情,岂能言答?(《大正藏》第一册第八三三页)

39 见他人涂舍喻

原典

昔有一人,往至他舍。见他屋舍,墙壁涂治,其地平正,清净甚好,便问之言:"用何涂壁,得如是好?"主人答言:"用稻谷麱①水浸令熟,和泥涂壁,故得如是。"愚人即便而作念言:若纯以稻麱,不如合稻而用作之,壁可白净,泥治平好。便用稻谷和泥,用涂其壁,望得平正,反更高下,壁都坼裂,虚弃稻谷,都无利益,不如惠施,可得功德。

凡夫之人,亦复如是,闻圣人之说法,修行诸善,舍此身已,可得生天及以解脱,便自杀身,望得生天及以解脱。徒自虚丧,空无所获,如彼愚人。

注释

① 麸：音弋，碎麦壳或稻壳。

译文

从前有一个人，到别人家去，见那屋舍的墙壁涂治得平平正正，清净美观，便问道："用什么和混了涂，竟然这么好？"主人答道："将碎稻谷壳浸在水中，使它软和了，再和泥涂壁，就成这个样子了。"愚人就想：倘若纯粹用稻壳，不如与稻米和合着一起用，壁可白净，也可涂得平正好看。便用稻谷和着泥来涂壁，祈望着更平正一些，不料反而是高高低低的，墙壁都坼裂开来，白白地耗费了稻谷，一点益处都没有，还不如惠施，倒是件功德事。

世上的人也是这样，听圣人说法，讲修行种种善业，到这命终了，便可以生到天上去，得到解脱，于是就自杀了，祈望能生到天上，得到解脱。徒然地使自己丧失了生命，一无所获，就如那愚人一样。

40 治秃喻

原典

昔有一人,头上无毛,冬则大寒,夏则患热,兼为蚊虻之所唼食,昼夜受恼,甚以为苦。有一医师,多诸方术。时彼秃人往至其所,语其医言:"唯愿大师为我治之。"时彼医师亦复头秃,即便脱帽示之,而语之言:"我亦患之,以为痛苦。若令我治能得差者,应先自治,以除其患。"

世间之人,亦复如是,为生老病死之所侵恼,欲求长生不死之处,闻有沙门、婆罗门等世之良医善疗众患,便往其所而语之言:"唯愿为我除此无常生死之患,常处安乐,长存不变。"时婆罗门等即便报言:"我亦患此无常、生老病死,种种求觅长存之处,终不能得。今我若能使汝得者，我亦应先自得，令汝亦得。"如彼患秃之人，徒自疲劳，不能得差。

译文

　　从前有个人，头上没有毛发，冬天则大受寒冷，夏天则患晒热之苦，加上蚊叮虻咬，昼夜不得安宁，苦恼不堪。有一位医生，医道懂得很多。这秃子便到医生那儿去，说："希望您替我治好它。"而那医生也是个秃子，这时就脱下帽来给他看，说："我也有这个病，痛苦不堪。倘若我能医得好的话，应先把自己治好了，除去这般苦恼。"

　　世上的人也是这样，受到了生老病死的侵害，很是苦恼，想要求得长生不死的地方，听说沙门、婆罗门等是世间的良医，善于疗治种种苦患，就跑到他们那里，说："希望能替我除去这生命易逝的忧患，永远处于安乐的状态，长存不变。"这时婆罗门等就回答道："我亦遭受着无常、生老病死的痛苦，到处寻觅着安乐长存的地方，然而终究是得不到的。如今我若是能让你得到，我自己也是应先得到的，然后令你也得到。"世上的人也像那苦于秃头的人一样，徒然地自寻疲劳，却无法治愈。

41　毗舍阇鬼喻

原典

昔有二毗舍阇鬼[①]，共有一箧、一杖、一屐。二鬼共诤，各各欲得。二鬼纷纭竟日，不能使平。时有一人来见之已，而问之言："此箧、杖、屐有何奇异，汝等共诤，嗔恚乃尔？"二鬼答言："我此箧者，能出一切，衣服、饮食、床褥、卧具资生之物尽从中出；执此杖者，怨敌归服，无敢与诤；着此屐者，能令人飞行无罣碍。"此人闻已，即语鬼言："汝等小远，我当为尔平等分之。"鬼闻其语，寻即远避。此人即时抱箧、捉杖、蹑屐而飞。二鬼愕然，竟无所得。人语鬼言："尔等所诤，我已得去。今使尔等更无所诤。"

毗舍阇者，喻于众魔及以外道；布施如箧，人天五道资用之具皆从中出；禅定如杖，消伏魔怨烦恼之贼；持戒如屐，必升人天；诸魔外道诤箧者，喻于有漏中强求果报，空无所得。若能修行善行及以布施、持戒、禅定，便得离苦，获得道果。

注释

① **毗舍阇鬼**：梵文 Piśācā，即饿鬼，又叫作啖精鬼，吸啖人以及五谷的精气。也译作癫狂鬼。

译文

从前有两个饿鬼，共有着一只小箱、一根棍杖、一双木屐。两个鬼争执起来，都想各自拥有这三样东西。吵嚷了整整一天，无法平分。这时有一个人走来，见了这般情形，便问道："这箧、杖、屐有什么奇异，你们争执得这般怒气冲冲？"二鬼答道："我这箧嘛，能产生一切东西，衣服、饮食、床褥、卧具之类生活用品，都可从里面得到；执了这根杖嘛，怨敌就降服，不敢再对抗了；穿上这屐嘛，能令人自在飞行，毫无阻碍。"这人听罢，便对鬼说道："你们稍稍退后一点，我会为你们平分的。"鬼听了这话，便即刻远远地避开了。这人说时迟那时快，抱箧、捉杖、蹑屐，飞腾而去。二鬼愕然，竟然一无所得。人对鬼说道："你俩所争的东西，我拿去了。如今让你们再没有什么好争的了。"

饿鬼譬喻众魔及外道；布施就好比是箧，人、天等五道众生的生活用具都可从这里面产生；禅定则好比是杖，可以消灭降伏邪魔、烦恼之类的怨贼；持戒就如屐，穿上它，必可以升在人、天之类善道。众魔及外道争这个箧，譬喻在烦恼垢染中强求果报，空无所得。若是能修行善行、布施、持戒、禅定，便可以出离苦境，获得道果。

42　估客驼死喻

原典

譬如估客游行商贾，会于路中而驼卒死。驼上所载多有珍宝、细软①、上氈②、种种杂物。驼既死已，即剥其皮。商主舍行，坐③二弟子而语之言："好看驼皮，莫使湿烂。"其后天雨，二人顽嚚④，尽以好氈覆此皮上，氈尽烂坏。皮氈之价，理自悬殊。以愚痴故，以氈覆皮。

世间之人亦复如是。其不杀者，喻于白氈；其驼皮者，即喻财货；天雨湿烂，喻于放逸败坏善行。不杀戒者，即佛法身⑤最上妙因⑥，然不能修，但以财货造诸塔庙供养众僧，舍根取末，不求其本，漂浪五道，莫能自出，是故行者应当精心持不杀戒。

注释

① **细软**：珠宝、绸帛等轻便而易于携带的贵重物品。

② **氎**：音牒，古印度人抽捻木棉花，纺为缕，织作布，就叫作氎。

③ **坐**：留驻、守定，此处作使动词用。

④ **嚚**：痴、愚。

⑤ **法身**：法性身。佛的法身，满十方虚空，无量无边，无量光明，无量音声。常现出种种身相、种种名号、种种生死、种种方便，救度众生。

⑥ **妙因**：绝妙的行因，是菩萨的大行。释典常言：妙因斯满，极果顿圆。

译文

譬如商人四处流动做买卖，恰好在路途之中，骆驼突然死了。上面所载的大多是珍宝、细软、上好的木棉布以及其他种种杂物。骆驼既然已经死了，就把皮剥了下来。商人要继续前行，就让两个徒弟留守着，吩咐道："好生看管驼皮，不要让它受潮烂掉了。"过后天落雨了，两人愚痴如榆木脑袋，尽是用上好的木棉布覆盖在皮上，布都烂坏了。皮和布的价值，显然是很悬殊的。因为愚痴，才拿木棉布去盖骆驼皮。

　　世上的人也是这样。不杀生，可以譬喻于白棉布；驼皮就譬喻财货；天落雨打湿烂掉了，譬喻那由于放逸而败坏了善行。不杀生的戒律，就是修得佛的法性身的绝妙的行因，然而却不能修持，只是用财货去造塔建庙，供养众僧，舍本逐末，由于放弃了基本的修持，就漂流在人、天等五道中轮回生死，不能使自身出离生死，所以修行者应当精心持不杀戒。

43　磨大石喻

原典

譬如有人,磨一大石,勤加功力,经历日月,作小戏牛。用功既重,所期甚轻。

世间之人亦复如是。磨大石者,喻于学问,精勤劳苦;作小牛者,喻于名闻,互相是非。夫为学者,研思精微,博通多识,宜应履行,远求胜果。方求名誉,憍慢贡高,增长过患。

译文

譬如有人磨治一块大石头,花费许多气力,历经漫长岁月,磨成一只玩具小牛。用去的功夫极大,期望的目标轻微。

世上的人也是这样。磨治大石块，譬喻做学问，精勤劳苦；做成小牛，譬喻为了名望，互相攻击。做学问嘛，研究思索精微的玄理，广泛通晓种种知识，理应步步实践，去求得那遥远但究竟圆满的殊胜之果。一旦为了求名誉，骄傲自大，就会增长过患。

44　欲食半饼喻

原典

譬如有人,因其饥故,食七枚煎饼。食六枚半已,便得饱满。其人恚悔,以手自打,而作是言:"我今饱足,由此半饼。然前六饼,唐自捐弃。设知半饼能充足者,应先食之。"

世间之人亦复如是,从本以来,常无有乐,然其痴倒,横生乐想。如彼痴人,于半番饼生于饱想。世人无知,以富贵为乐。夫富贵者,求时甚苦,既获得已,守护亦苦,后还失之,忧念复苦,于三时中,都无有乐。犹如衣食,遮故名乐,于辛苦中横生乐想。诸佛说言:"三界无安,皆是大苦。"凡夫倒惑,横生乐想。

译文

譬如有人因为饿了，一口气吃了七枚煎饼。吃到六枚半的时候，便觉得饱了。这人懊恼后悔起来，抬手打着自己，说："我现在已饱足了，都赖这半枚饼的原因。前面那六枚饼，就这么空佬佬地浪费掉了。倘若知道吃了这半个饼就能饱了，应先吃它才是。"

世上的人也是这样，自古以来，就永远没有什么快乐的事情，然而世人痴愚颠倒，横空生出快乐的念头来，就像那个痴人，对半块饼产生会饱的想法。世人实在无知，竟以富贵为乐。那富贵嘛，追求之际很苦，待到获得了，守护住它也很苦，此后一旦又失去了，忧思念想又是苦，在早、中、晚三时中，都没有什么快乐。就好比衣食可以遮寒祛饥，便在辛苦营求中横空生出快乐的念头来。诸佛都说："欲界、色界、无色界这三界中都没有什么安乐，只都是大苦而已。"世上的人颠倒迷惑的缘故，方才横空生出快乐的念头来。

45　奴守门喻

原典

譬如有人将欲远行，敕其奴言："尔好守门，并看驴索。"其主行后，时邻里家有作乐者，此奴欲听，不能自安，寻以索系门置于驴上，负至戏处，听其作乐。奴去之后，舍中财物贼尽持去。大家①行还，问其奴言："财物所在？"奴便答言："大家先付门、驴及索，自是以外，非奴所知。"大家复言："留尔守门，正为财物。财物既失，用于门为？"

生死愚人，为爱奴仆，亦复如此。如来教诫，常护根门，莫着六尘，守无明驴，看于爱索。而诸比丘不奉佛教，贪求利养；诈现清白，静处而坐；心意流驰，贪着五欲，为色、声、香、味之所惑乱。无明覆心，爱索缠缚，正念②、觉意③、道品④财宝悉皆散失。

注释

① **大家**：主人。

② **正念**：能专心忆念佛法，叫作正念。心若是流驰散逸了，就应当摄它回来，使其止于正念上。

③ **觉意**：又作菩提心、无上道心，即求无上菩提之心。

④ **道品**：达到涅槃境界的道法的品类，有三十七科。

译文

譬如有人将要出门远行，吩咐仆人道："你好好守着门，并看管住驴子和绳索。"主人走后，邻村的人家这时正在奏乐，这仆人很想去听，心中动摇，不能自安，随即便用绳索系了门，放在驴上，赶着到那奏乐的地方，去听音乐。仆人离去之后，屋中的财物都被贼偷去了。主人回来，问仆人道："财宝哪儿去了？"仆人答道："主人先前嘱咐看守门、驴及绳子，除了这些以外，我就不知道了。"主人说："留你守门，正是为了财物。财物丢失了，还要门做什么用？"

流转于生死的愚人，贪恋着爱欲的仆人，也是如此。如来教诫道：要常常护住引出种种烦恼、进入种种妄尘的六根这扇门，不要让色、声、香、味、触、法这六尘之贼进来，守住烦恼这头驴，不要让它随意驰走，看好爱欲这条绳索。然而有些比丘不奉行佛的教诲，贪求利养；装得清白，在幽静处坐禅；其实心意流驰，贪恋五欲，被色、声、香、味迷惑住了。烦恼占据了整个的心，爱索缠缚住了整个的身，使得正念、觉意、道品之类的财宝都散失掉了。

46　偷牦牛喻

原典

譬如一村,共偷牦牛①而共食之。其失牛者逐迹至村,唤此村人问其由状而语之言:"在尔此村不?"偷者对曰:"我实无村。"又问:"尔村中有池,在此池边共食牛不?"答言:"无池。"又问:"池傍有树不?"对言:"无树。"又问:"偷牛之时,在尔村东不?"对曰:"无东。"又问:"当尔偷牛非日中时耶?"对曰:"无中。"又问:"纵可无村及以无树,何有天下无东、无时?知尔妄语,都不可信。尔偷牛食不?"对曰:"实食。"

破戒之人亦复如是,覆藏罪过,不肯发露,死入地狱。诸天善神以天眼观,不得覆藏,如彼食牛,不得欺拒。

注释

① **牦牛**：牦，音毛。兽如牛而尾长，名叫牦牛。

译文

譬如有一个村子的人联手偷了一头牦牛，一起吃了。丢牛的人循着足迹，找至村中，叫住这个村的人打听情况，问道："牛在这村不？"偷牛者答道："我们其实没有村子。"失主又问："你们村中有池，在那池边一起吃了这牛不？"村里人答道："没有池。"失主又问："池边有树不？"村里人答道："没有树。"失主又问："你们偷牛之时，在村子东边不？"村里人答道："没有东边。"失主又问："当你们偷牛的时候，不是正午吗？"村里人答道："没有正午。"失主问道："纵然可以没有村、没有树，天下哪可没有东边、没有时间？可见你们说谎了，完全不可相信。你们偷牛吃了不？"村里人答道："确实吃了。"

破戒的人也是这样，把罪过掩盖藏匿起来，不肯发露，死后就堕入了地狱。诸天的善神以天眼来观察，就掩盖藏匿不了了，就如那些偷牛吃的人，无法欺骗抵赖了。

解说

　　为了抵赖，直至否定时间和空间的存在，否定基本事理，常是说谎者的手法，因而也是检测说谎与否的标尺。

47　贫人能作鸳鸯鸣喻

原典

昔外国法，节^①庆之日，一切妇女尽持优钵罗华^②，以为鬘^③饰。

有一贫人，其妇语言："尔若能得优钵罗华来用与我，为尔作妻；若不能得，我舍尔去。"其夫先来常善能作鸳鸯之鸣，即入王池，作鸳鸯鸣，偷优钵罗华。时守池者而作是问："池中者谁？"而此贫人失口答言："我是鸳鸯。"守者捉得，将诣王所，而于中道复更和声作鸳鸯鸣。守池者言："尔先不作，今作何益？"

世间愚人亦复如是，终身残害，作众恶业，不习^④心行^⑤，使令调善，临命终时，方言："今我欲得修善。"狱卒将去，付阎罗王^⑥。虽欲修善，亦无所及已。如彼愚人，欲到王所，作鸳鸯鸣。

注释

① "法节",《丽藏》作"节法",误,今据宋、元、明三藏改。

② **优钵罗华**:梵文 Utpala,就是青莲华,叶子狭长,近下处稍圆,向上渐渐尖起来,很像佛眼。

③ **鬘**:梵文 Soma 音译的简称,将花朵贯串起来,作为装饰,佩戴在头上或身上。

④ **习**:调节。

⑤ **心行**:心,念念迁流不已,或念善,或念恶,所以叫作心行。

⑥ **阎罗王**:梵文 Yama-rājā,主管生死罪福之业,役使鬼卒追摄罪人,捶拷治罚,决断善恶。

译文

从前外国的习俗,在节庆之日里,所有妇女都佩戴优钵罗华作为装饰。

有一个穷人,妻子对他说:"你若是能得来优钵罗华与我佩戴,就做你的妻子;若是不能得到,我便离开你了。"她丈夫先前很能摹仿鸳鸯的叫声,便跨进国王的池沼,一边做鸳鸯的鸣声,一边偷优钵罗华。这时守池人问道:"池中的是谁?"这穷人失口答道:"我是鸳鸯。"守池人将他捉牢了,带到国王处去,走到半道上,穷人又抑扬有致地做起鸳鸯的鸣声来。守池人说:"你先前不叫,现在叫有什么用?"

世上的愚人也是这样,终身杀生害命,作种种恶业,不调节心行,以使它朝善的方向发展,待到命终时,方说:"如今我想修行善业。"狱卒依然把他带去,付与阎罗王处治。虽是想修行善业,也已经晚了。就好像那个愚人,快到国王那儿了,才做起鸳鸯叫来。

48　野干为折树枝所打喻

原典

譬如野干①,在于树下。风吹枝折,堕其脊上。即便闭目,不欲看树,舍弃而走,到于露地,乃至日暮,亦不肯来。遥见风吹大树,枝柯动摇上下,便言唤我,寻②来树下。

愚痴弟子亦复如是,已得出家,得近师长,以小呵责,即便逃走。复于后时遇恶知识,恼乱不已,方还师所。如是去来,是为愚惑。

注释

① **野干**:似狐而小,形色青黄,如狗一般结群而行,夜鸣如狼。

② **寻**:寻而、随即。

译文

　　譬如野干在树下，风吹来，树枝折断了，堕落在它的脊背上。它就生气地闭上眼睛，不想看树了，离开了这块地方，到露天底下去了，乃至日暮了，也不肯回去。远远看见大树的枝柯被风吹得上下摇动，便以为那声音是在叫唤它呢，随即回到了树下。

　　愚痴的弟子也是这样，出家了，得以亲近师长，由于小小的呵责，便逃走了。后来又遇到坏朋友，心中恼乱不已，方回到师父那儿。这般来来去去，就是愚惑的行为。

49　小儿争分别毛喻

原典

譬如昔日有二小儿入河遨戏,于此水底得一把毛。一小儿言:"此是仙须。"一小儿言:"此是罴毛。"尔时河边有一仙人,此二小儿诤之不已,诣彼仙所,决其所疑。而彼仙人寻即取米及胡麻子,口中含嚼,吐着掌中,语小儿言:"我掌中者似孔雀屎。"而此仙人不答他问,人皆知之。

世间愚人亦复如是,说法之时,戏论诸法,不答正理,如彼仙人不答所问,为一切人之所嗤笑。浮漫虚说,亦复如是。

译文

譬如过去有两个小儿到河里遨游嬉戏,在水底摸得一把毛。一小儿说:"这是仙人的胡须。"另一小儿说:"这是罴的毛。"当时河边住着一位仙人,这两个小儿争执不下,便到那仙人处,请他决断。而那仙人随即取了一把米和胡麻子,含在口中嚼了,吐在掌上,对小儿说道:"我掌中的像是孔雀屎。"这仙人没有回答他们的问题,人们都是知道这一点的。

世上的愚人也是这样,说法的时候,随便地谈论其他种种毫不相关的学说,并不就理上正面答复,如那个仙人答非所问一样,遭到一切人的嗤笑。浮泛散漫地虚说一通,都是这样子的。

解说

仙人把米和胡麻子嚼了,吐在掌上,说是像孔雀屎,他的意思大抵是那把毛既不是仙须,也不是罴毛,不知道是什么毛,没有真正的答案。这种答非所问恰恰揭示了事物在那种情形下的真实性,后世禅宗多采用这类方法。

《长阿含经》卷十七《沙门果经》也记叙了这般情形。阿阇世王向六师外道提出这样的问题:"世间有许多通常的职业：象伕、马伕、御者、弓箭手、旗手、营官、士兵、皇家出身的高级将军、军事侦察员……所有这些人都在现世享受他们的职业的可见的果实……你能够告诉我一个沙门生活的任何现世可见的直接果实吗？"没有一个人直接回答这个问题，而只是解释他们自身的理论，因为从他们的观念出发，想不出沙门生活有什么可见的直接果实，没有确切的答案可言，这样一种问答恰也显示了一种他们所处情势的真实性。"不阑迦叶就是这样的，当问到一个沙门生活的直接利益是什么，他讲解他的无业报原理。尊者，正像一个人，当问到一粒杧果是什么，他回答一条面包如何如何。"（见《顺世论》第六〇八页，也可参见《中华大藏经》第三十一册第二〇九页）

50 医治脊偻喻

原典

譬如有人,卒患脊偻,请医疗治。医以酥涂,上下着板,用力痛压,不觉双目一时并出。

世间愚人亦复如是,为修福故,治生估贩,作诸非法,其事虽成,利不补害。将来之世,入于地狱,喻双目出。

译文

譬如有人突然患了佝偻病,请医生来疗治。医生把酥油涂在他身上,上下用板夹着,用力痛压,双目不觉一下子都压挤出来了。

世上的愚人也是这样,为了修福业,就做生意,利用了许多非法的手段,事情虽是做成了,但是所得抵不过所失。来世进入了地狱,就好比双目迸出一般。

51　五人买婢共使作喻

原典

譬如五人共买一婢,其中一人语此婢言:"与我浣衣。"次有一人复语浣衣。婢语次者,先与其浣。后者恚曰:"我共前人同买于汝,云何独尔?"即鞭十下。如是五人各打十下。

五阴亦尔。烦恼因缘合成此身,而此五阴恒以生老病死、无量苦恼搒①笞众生。

注释

① 搒:击打。

译文

譬如五个人合买了一个婢女,其中一人吩咐这婢女道:"给我洗衣裳。"另有一人也说要洗衣裳。婢女就对他说,先给前面那位洗。后说者怒道:"我与他一道买了你的,为何独独他能这样?"就鞭打她十下。其他四人也想为何他独独可以这样,于是也就各鞭打她十下。

色、受、想、行、识这五阴也是这样。以种种烦恼为因缘合成了人这个身体,而这身体中的五阴常常用生老病死、无穷无尽的苦恼来鞭笞折磨众生。

52 伎儿作乐喻

原典

譬如伎儿王前作乐,王许千钱。后从王索,王不与之。王语之言:"汝向作乐,空乐我耳;我与汝钱,亦乐汝耳。"

世间果报亦复如是。人中天上,虽受少乐,亦无有实,无常败灭,不得久住,如彼空乐。

译文

譬如乐师在国王面前演奏,国王许诺给他一千个钱。事后向国王去索要,国王不肯给他。国王说:"你方才演奏的音乐,听着快乐,过后就没了;我许诺给你钱,也让你听着快乐,过后就没了。"

世间的因果报应也是这样。生在人中或是天上,虽是享受到少许的快乐,却也是并不实在的,都是易逝而不常住,倏忽间败灭了的,就像那音乐和许诺,无法长久地留住着。

源流

《大智度论》卷九十二:譬如人有一子,喜在不净中戏,聚土为谷,以草木为鸟兽,而生爱着。人有夺者,嗔恚啼哭。其父知已:"此子今虽爱着,此事易离耳,小(稍)大自休。"何以故?此物非真故。(《大正藏》第二十五册第七〇七页)

《高僧传》卷二《鸠摩罗什》:如昔狂人令绩师绩绵,极令细好。绩师加意,细若微尘,狂人犹恨其粗。绩师大怒,乃指空示曰:"此是细缕。"狂人曰:"何以不见?"师曰:"此缕极细,我工之良匠犹且不见,况他人耶?"狂人大喜,以付织师。师亦效焉,皆蒙上赏,而实无物。(《大正藏》第五十册第三三〇页)

53　师患脚付二弟子喻

原典

譬如一师有二弟子。其师患脚,遣二弟子人当一脚随时按摩。其二弟子常相憎嫉,一弟子行,其一弟子捉其所当按摩之脚以石打折。彼既来已,忿其如是,复捉其人所按之脚寻复打折。

佛法学徒亦复如是,方等①学者非斥小乘,小乘学者复非方等,故使大圣法典二途兼亡。

注释

① **方等**:大乘经典的通名,方指方广,等即平等,大乘理论的玄妙观念,放诸四海而皆准,所以说是方广;且又适用于凡夫与圣人,所以说是平等。

译文

譬如某位大师有两位弟子。大师脚有病了,就让两个弟子每人一只脚,随时按摩。这两个弟子平常互相憎厌嫉妒,其中一位外出了,另一位就把他应按摩的脚用石头砸折了。他回来之后,见到这般情景,也气愤地把那人按摩的脚立即打断了。

佛门的弟子也是这样,大乘学者攻击排斥小乘,小乘学者也攻击排斥大乘,所以使得大圣的法典在双方的争执中失去了它原初的意义。

源流

昔雪山中有鸟名为共命,一身二头。一头常食美果,欲使身得安稳。一头便生嫉妒之心,而作是言:"彼常云何食好美果,我不曾得。"即取毒果食之,使二头俱死。(《杂宝藏经》卷三,见《大正藏》第四册第四六四页)

54　蛇头尾共争在前喻

原典

譬如有蛇,尾与头言:"我应在前。"头语尾言:"我恒在前,何以卒尔?"头果在前,其尾缠树,不能得去。放尾在前,即堕火坑,烧烂而死。

师徒弟子亦复如是,言师耆老每恒在前,我诸年少应为导首。如是年少不闲①戒律,多有所犯,因即相牵入于地狱。

注释

① 闲:同娴,熟。

译文

譬如有一条蛇,尾对头说:"我应在前面。"头答尾道:"我一直在前面,为何突然要变换位置呢?"头依然在前面,想行去,尾缠住了树,无法去了。就依尾在前面,不久堕落火坑中,烧烂而死。

师徒之间也是这样,说师父年老了,却总是在前面主持着,也应让我辈年少的做引导的首领。这些年轻人不熟习戒律,时时有所违犯,于是师徒彼此都牵连着,堕入于地狱中。

源流

《杂譬喻经》(比丘道略集、鸠摩罗什译)第二十五则:昔有一蛇,头尾自相与诤。头语尾曰:"我应为大!"尾语头曰:"我亦应大!"头曰:"我有耳能听,有目能视,有口能食,行时最在前,是故可为大。汝无此术,不应为大。"尾曰:"我令汝去,故得去耳,若我以身绕木三匝三日而不已?"头遂不得去求食,饥饿垂死。头语尾言:"汝可放之,听汝为大。"尾闻其言,即时放之。复语尾言:"汝既为大,听汝在前行。"尾在前行,未经数步,堕火坑而死。

此喻僧中或有聪明大德上座能断法律,下有小者不肯顺从,上座力不能制,便语之言:"欲尔随意。"事不成济,俱堕非法,喻若彼蛇坠火坑也。

同前第二十六则:昔有捕鸟师,张罗网于泽上,以鸟所食物着其中。众鸟命侣,竞来食之。鸟师引其网,众鸟尽堕网中。时有一鸟,大而多力,身举此网与众鸟俱飞而去。鸟师视影,随而逐之。有人谓鸟师曰:"鸟飞虚空,而汝步逐,何其愚哉!"鸟师答曰:"不如是告。彼鸟日暮,要求栖宿,进趣不同,如是当堕。"其人故逐不止。日以转暮,仰观众鸟,翻飞争竞,或欲趣东,或欲趣西,或望长林,或欲赴渊。如是不已,须臾便堕,鸟师遂得次而杀之。(《大正藏》第四册第五二八页)

55　愿为王剃须喻

原典

昔者有王，有一亲信，于军阵中，殁命救王，使得安全。王大欢喜，与其所愿，即便问言："汝何所求，恣汝所欲。"臣便答言："王剃须时，愿听我剃。"王言："此事若适汝意，听汝所愿。"如此愚人，世人所笑。半国之治，大臣辅相，悉皆可得，乃求贱业。

愚人亦尔。诸佛于无量劫难行苦行，自致成佛。若得遇佛及值遗法，人身难得，譬如盲龟值浮木孔[①]。此二难值，今已遭遇，然其意劣，奉持少戒，便以为足，不求涅槃胜妙法也。无心进求，自行邪事，便以为足。

注释

① 盲龟值浮木孔：《杂阿含经》卷十六：告诸比丘，如大海中有一盲龟，寿无量劫，百年一遇出头，复有浮木，正有一孔，漂流海浪，随风东西。盲龟百年一出，得遇此孔。至海东，浮木或至海西，南北四维围绕亦尔。虽复差违，或复相得。凡夫漂流五趣之海，还复人身，甚难于此。(《大正藏》第五十三册第二五七页，现存《杂阿含经》卷十六无此段)

译文

从前有位国王，有一个亲信在两军对阵交战中冒着生命危险救了他，使他毫发未损。国王很是欢喜，要满足他的愿望，就问他："你有什么要求，随你提出来，都满足你。"这位亲信就答道："大王要剃须时，希望让我剃。"国王说："这事若是能满足你的意愿，好的。"如此愚人，世人都嗤笑。统治半个天下，做大臣宰相，都是可以得到的，却求这种贱业。

愚人也是这样。诸佛过去时长期专就困难之处做苦行之事，自己达到了成佛的境地。若是能碰上佛出世、听闻佛的遗教以及获得人身，都是至难的事，就如盲龟百年浮出一次海面，恰好钻入了浮木的孔中一般。佛法难闻今已闻，人身难得今已得，然而愚人的意愿下劣，稍稍奉持一点儿戒律，就以为足够了，并不求涅槃这一胜妙之法。无心提出进一步的要求，自愿做些卑贱的事情，就以为很满足了。

56　索无物喻

原典

昔有二人道中共行,见有一人将胡麻车在崄路中不能得前。时将车者语彼二人:"佐我推车,出此崄路。"二人答言:"与我何物?"将车者言:"无物与汝。"时此二人即佐推车,至于平地,语将车人言:"与我物来。"答言:"无物。"又复语言:"与我无物。"二人之中,其一人者含笑而言:"彼不肯与,何足为愁?"其人答言:"与我无物,必应有无物。"其一人言:"无物者,二字共合,是为假名。"

世俗凡夫着无物者,便生无所有处。第二人言无物者,即是无相、无愿、无作。

译文

　　从前有两个人同行，见有人拉着一车胡麻在高坡中上不去。这时拉车者对那两人说："帮我推推车，走出这个高坡。"这两人说道："给我们什么物呢？"拉车者道："无物给你们。"这两人就帮他推车，到了平地上，对拉车者说："拿物来给我。"他说："无物。"那人又要求道："就给我无物。"另一个人含笑说道："他不肯给，何必相逼呢？"那人说道："无物给我们，那必定应有无物的。"另一个人说道："无物么，这是两个词合起来表示意思，就叫作假名，假借名称来表示而已，并非要有个实物来相应。"

　　世俗凡夫执着于无物这个假名，以为必有一个相应的实物，于是就追求进入无所有的境界，反而执着于这个无所有。另一个说无物之意的人，则以为它就是无相，因为种种现象都没有自性，都是因缘和合，都是空的。明了了这一点，在世界上对一切事物就无所愿求，若是无所愿求了，也就不造作生死之业，也就是无相、无愿、无作。但并不是实际存在着一个无相、无愿、无作的实境可以去求取，一旦去求取的话，就如那人要求给他无物一样的荒谬，这就是另一个人说无物的意思。

解说

　　这是牵涉到词与物的问题。名实之间，多有不可对应的地方，尤其是论及玄理或显示某类最高境界的时候，往往如此。因而不可执着于言说，不能听闻无相（涅槃）就执着于无相，说无是为了祛除有，目的不在于无。为了挣脱这一层，佛家多借用一语而又以另一语来祛除的办法，随说随扫，言说本身在做着自我分解的运作。

57　蹋长者口喻

原典

昔有大富长者,左右之人欲取其意,皆尽恭敬。长者唾时,左右侍人以脚蹋却。有一愚者,不及得蹋,而作是言:"若唾地者,诸人蹋却。欲唾之时,我当先蹋。"于是长者正欲咳唾,时此愚人即便举脚蹋长者口,破唇折齿。长者语愚人言:"汝何以故蹋我唇口?"愚人答言:"若长者唾出口落地,左右谄者已得蹋去。我虽欲蹋,每常不及。以是之故,唾欲出口,举脚先蹋,望得汝意。"

凡物须时,时未及到,强设功力,反得苦恼。以是之故,世人当知时与非时。

译文

从前有位大富翁，左右的人都想取得他的欢心，竭尽恭敬之能事。富翁吐痰时，左右侍奉的人马上用脚蹋掉。有一个愚人，赶不上机会去蹋，便想道："若是吐在地上，众人即刻蹋掉了。还是趁他想吐的时候，我抢先蹋掉他。"于是长者正咳着要吐的时候，这愚人飞起一脚，蹋在长者口上，踢破了唇，折断了齿。富翁问愚人道："你为何蹋我的口？"愚人答道："长者若是痰出口落地，左右讨好的人捷足先蹋了。我虽是想蹋，总是赶不及。所以，痰要出口之际，抬脚先蹋，希望得您的欢心。"

大凡事物都需时机，时机未熟，强行去做，反而得到苦恼。因此，世人应当知晓是时机与不是时机。

源流

《杂譬喻经》（比丘道略集、鸠摩罗什译）第十四则：外国小人事贵人，欲得其意，见贵人唾地，竞来以足蹋去之。有一人不大健剿，虽欲蹋之，初不能得。后见贵人欲唾，始聚口时，便以足蹋其口。贵人问言："汝欲反耶，何故蹋吾口？"小人答言："我是好意，不欲反也。"贵人问言："汝若不反，何以至是？"小人答言:"贵人唾时,我常欲蹋唾。唾才出口,众人恒夺我前,初不能得,是故就口中蹋之也。"此喻论议时,要须义出口,然后难也。若义在口,理未宣明,便兴难者,喻若就口中蹋之也。(《大正藏》第四册第五二五页)

58　二子分财喻

原典

昔摩罗国①有一刹利②,得病极重,必知定死,诫敕二子:"我死之后,善分财物。"二子随教,于其死后,分作二分。兄言弟分不平。尔时有一愚老人言:"教汝分物,使得平等。现所有物破作二分。云何破之?所谓衣裳中割作二分,槃瓶亦复中破作二分,所有瓮瓨③亦破作二分,钱亦破作二分。"如是,一切所有财物尽皆破之,而作二分。如是分物,人所嗤笑。

如诸外道偏修分别论。论门有四种:有决定答论门,譬如人一切有皆死,此是决定答论门。死者必有生,是应分别答,爱尽者无生,有爱必有生,是名分别答论门。有问人为最胜不?应反问言汝问三恶道、为问诸天?若问三恶道,人实为最胜;若问于诸天,人必为不如，如是等义，名反问答论门。若问十四难④，若问世界及众生有边无边、有终始无终始如是等义，名置答论门。诸外道愚痴，自以为智慧，破于四种论，作一分别论，喻如愚人分钱物，破钱为两段。

注释

① **摩罗国**：梵文 Malaya-daśa，这个国家的中央有摩罗耶山，在南天竺境域，所以国家以此为名。摩罗耶 Malaya，是除垢的意思，因为这座山出产白旃檀香，进去后人变得香洁，所以叫除垢。提数 daśa，是中央的意思。

② **刹利**：刹帝利，意指王族及大臣，是印度四大种姓之一。婆罗门所编的《梨俱吠陀》卷十《原人歌》已叙四姓的来源：婆罗门（祭司）是布卢沙（人）的嘴；两臂成为刹帝利（王者）；他的两腿就是吠舍（平民）；从两足生出首陀罗（劳动者）。而佛经中叙述四姓的时候，总将释迦牟尼佛所自出身的刹帝利放在首位。

③ **瓨**：短头长身的坛。

④ **十四难**：乃对于外道以颠倒之见来问难之十四种事，而佛则舍置不答。十四种事指：（一）世间是恒常？（二）世间是无常？（三）世间亦是恒常亦是无常？（四）世间非恒常非无常？（五）世间有边？（六）世

间无边？（七）世间亦有边亦无边？（八）世间非有边非无边？（九）如来死后还存在？（十）如来死后不存在？（十一）如来死后亦存在亦不存在？（十二）如来死后亦非存在亦非不存在？（十三）命（我）和身体是同一物？（十四）命（我）和身体是不同一物？

译文

从前摩罗国有一位刹帝利，得了重病，知道必定要死了，便吩咐两个儿子："我死之后，好好地分财物。"两位儿子依循父亲的遗教，在父亲死后，把财物分作两份。哥哥说弟弟分得不公平。这时有一位蠢老头说："我教你们分物，必定能分得平等。现在把眼前的所有物品都破作两份。如何破呢？就是衣裳在中间剪开，槃瓶也从中间敲开，所有瓮坛也砸开，钱也凿开。"他们按照蠢老头的分法，就把所有财物都弄破了，分作两份。如此分物，人人嗤笑。

这就好比各类外道偏于修习分别论。论门其实有四种：有决定答论门，譬如一切人都必当死的，这就是决定答论门。死了必定会轮回再生，这应分别开来说，爱着断尽了的人，出离了轮回，不会再受生，依然有爱着的人，必定有下一生，这叫作分别答论门。倘若有问人是最优胜的吗？就应反问道你是相对于三恶道还是相对于诸天来说的？若是相对于三恶道来说，人确实是最优胜的；若是相对于诸天来说，人必定是不如的，诸如此类的命题，叫作反问答论门。若是外道的十四个问难，譬如问世界及众生有边际无边际、有终始无终始之类的问题，常人是无法了解的，所以佛弃置而不答，以不答为答，就叫置答论门。各类外道愚痴，却自以为有智慧，把这四种论破毁了，形成为一种分别论，就比如愚人分钱物，把钱都凿破为两段。

解说

四种论门中的决定答论门、分别答论门、反问答论门的具体形式亦可参见《百喻经》的《引言》。

关于分别论，《外道小乘四宗论》（提婆菩萨造，后魏菩提流支译）曾有记述，现在今译如下：

尼犍子外道论师说一切事物都是亦相同亦相异的……譬如我感觉白木棉布等。也可以说是同一的、一体的（白木棉布）。也可以说是相异的、分离的（白，木棉布）。譬如白在木棉布中别处不可以说这是白、这是木棉布，不可以像世上的人说这是牛、这是马之类一样。白木棉布又不是这样，所以我不说相异，也不说同一。若是同一的话，白消灭了，木棉布也应该消灭。再，如是同一的话也不应说赤木棉布、黑木棉布之类。

所以我说可以讲同一，可以讲相异。

若提子论师说……我若提子不说一切事物同一、相异、也相同也相异。……因为这事物不能形成那事物，那事物不能形成这事物。因为这事物毕竟不是那事物，那事物也毕竟不是这事物。因为白不是木棉布，因为木棉布不是白。因为白（或木棉布）消灭了，木棉布（或白）就不应随之消灭。因为同一的话，白就是木棉布，木棉布就是白。不这样的话，白消灭了，木棉布也消灭；白（或木棉布）不消灭，木棉布（或白）也不消灭。若是这样的话，为何作虚妄的分别呢？那些事物是同一、相异、亦同一亦相异、非同一非相异。若是这样的话，木棉布也应是非木棉布、非不木棉布，白也应是非白、非不白。因为木棉布就是木棉布，白就是白，所以木棉布是非木棉布，白是非白，所以非白不可以是白。这样，同一、相异、亦同一亦相异、非同一非相异，就都是虚妄的分别，只是言说而已，并没有什么实义。（参见《中华大藏经》第三十册第一〇五四至一〇五五页）

分别论，往往从事物的各个不同方面来进行观察和分析，注意到了事物的运动、变化和相互作用。然而论说的过程往往也停止于相对的境地，半是半非，对事物的认识涂上了浓厚的不可知论的色彩。

59　观作瓶喻

原典

譬如二人至陶师所,观其蹋轮而作瓦瓶,看无厌足。一人舍去,往至大会,极得美膳,又获珍宝。一人观瓶而作是言:"待我看讫。"如是渐冉①,乃至日没,观瓶不已,失于衣食。愚人亦尔,修理家务,不觉非常。

今日营此事,明日造彼业。
诸佛大龙出,雷音遍世间,
法雨无障碍,缘事故不闻。
不知死卒至,失此诸佛会,
不得法珍宝,常处恶道穷,

背弃于正法。彼观缘事瓶,
终当无竟已,是故失法利,
永无解脱时。

注释

① **渐冉**:渐渐过去。

译文

譬如两个人到陶匠师傅那儿,看他脚蹋转轮做瓦瓶,看得着了迷。其中一人离去,前往参加盛大的宴会,得了极美的膳肴,又获了珍宝。另一人边看做瓶边想:"待我看完再去。"时间就这样渐渐地过去了,竟至太阳也下山了,依旧观瓶不已,结果误了吃饭。愚人也是这样,做着家务琐事,不觉得非常之事发生了。

今日经营这桩事,明日造作那般业。
诸佛出世如大龙,法音之雷遍世间,
法雨普降无障碍,琐事缠身故不闻。
不知死亡猝然至,失却此诸佛大会,
不曾得佛法珍宝,常处恶道穷途中,
背离弃置了正法。那位看瓶不已者,

终究没有完结时,所以误失法会利,
解脱机会永没了。

源流

《中阿含经》卷五十五:如有狗饥饿羸乏,至屠牛处。彼屠牛师、屠牛弟子净剔除肉,掷骨与狗。狗得骨已,处处咬啮,破唇缺齿,或伤咽喉,然狗不得以此除饥。(《中华大藏经》第三十一册第九四七页)

《法句譬喻经》卷三《老耄品》:譬如老鹄,守此空池,永无所获。(《大正藏》第四册第五九三页)

《大智度论》卷六十四:譬如人欲守护虚空,虚空雨不能坏,风日不能干,刀杖等不能伤,若有人欲守护虚空者,徒自疲苦,于空无益。(《大正藏》第二十五册第五一三页)

60　见水底金影喻

原典

昔有愚痴人往大池所,见水底影有真金像,谓呼有金,即入水中挠泥求觅。疲极不得,还出复坐。须臾水清,又现金色,复更入里挠泥更求觅,亦复不得。其父觅子,得来见子,而问子言:"汝何所作,疲困如是?"子白父言:"水底有真金,我时投水,欲挠泥取,疲极不得。"父看水底真金之影而知此金在于树上。所以知之,影现水底。其父言曰:"必飞鸟衔金着于树上。"即随父语,上树求得。

凡夫愚痴人,无智亦如是。
于无我阴中,横生有我想。

如彼见金影,勤苦而求觅,

徒劳无所得。

译文

　　从前有个痴人到大池边去,见水底有真金的影像,惊呼:"有金子。"就跳入水中翻泥觅求。弄得疲惫极了,却不得,便出来,坐下。须臾之间,水清了,又现出金子的色泽来,就再跳进去翻泥觅求,还是不得。父亲来找儿子了,见他这番模样,便问:"你在做什么,这般疲困?"儿子道:"水底有真金,我时时跳下去,想翻泥觅取,疲累极了,却不得。"父亲看了水底真金的影子,就知道金在树上。所以能够知道,是因为影子显现于水底。父亲说道:"必定是飞鸟衔来放在树上的。"儿子就按父亲的话,上树觅到了金子。

　　世上的愚痴人,也像这样不具有智慧。

　　在无我的五阴身中,横空产生有我的念头来。

　　就如那位见了金影的人,勤勤苦苦地求觅,

　　却徒劳而一无所得。

源流

　　《众经撰杂譬喻经》卷下第四十二则:昔有父子二

人共居，入山斫林。泉水有黄金。子便归，求父索分（他的份额），言："我不用余物，物尽与父，唯与我车牛一具，米二斛，荻斫各一枚。"父不听之。数谏不止，父便与之言："汝莫复来归。"子便入山，掘泉水中金。日日终不能得。父便共相将往视之，观如是金，仰视山头边，有金若山，影现水中，便上山以大木幢堕金于地。父语儿："求之法，当云何？但掘水，何时当得？"

子不晓求金者，喻人不持五戒，但逐听色声，人身岂复可还得也？父者，喻如黠之求金者，观如（如有两种：一是各各相，是事相之如，然而这不是实有，就好比是水中金，是如之末；一是实相，是如之本，其中诸法缘会而成，一切皆空，所以空就是实相，就是真性，就是妙有，就是山头之金，就是如）本末时，持佛五戒，加行十善，生天人身，世世不失，后得佛道果。（《大正藏》第四册第五四二页）

《大庄严经论》卷二：譬如痴犬，有人打掷，便逐瓦石，不知寻本。(《中华大藏经》第二十九册第六二三页）

《长阿含经》卷七：（事火）梵志以少因缘欲游人间，语小儿曰："我有少缘（事缘），欲暂出行。汝善守护此火，慎勿使灭。若火灭者，当以钻钻木，取火燃之。"具诫敕已，出林游行。梵志去后，小儿贪戏，不数视火,火遂便灭。小儿戏还,见火已灭,懊恼而言:"我所为非,我父去时,具约敕我,守护此火,慎勿令灭!而我贪戏,致使火灭,当如之何?"彼时小儿吹灰求火,不能得已,便以斧劈薪求火,复不能得,又复斩薪,置于臼中,捣以求火,又不能得。

尔时梵志于人间还,诸彼林所,问小儿曰:"吾先敕汝,使守护火,火不灭耶?"小儿对曰:"我向出戏,不时(时时)护视,火今已灭。"复问小儿:"汝以何方便更求火耶?"小儿报曰:"火出于木,我以斧破木求火,不得;复斩之令碎,置于臼中杵捣求火,复不能得。"时彼梵志以钻钻木出火,积薪而燃,告小儿曰:"夫欲求火法应如此,不应破薪杵碎而求。"(《中华大藏经》第三十一册第八十四页)

61　梵天弟子造物因喻

原典

婆罗门众皆言:"大梵天王①是世间父,能造万物,造万物主者。"有弟子言:"我亦能造万物。"实是愚痴,自谓有智,语梵天言:"我欲造万物。"梵天王语言:"莫作此意,汝不能造。"不用天语,便欲造物。梵天见其弟子所造之物,即语之言:"汝作头太大,作项极小;作手太大,作臂极小;作脚极小,作踵极大。如似毗舍阇鬼。"

以此义当知各各自业所造,非梵天能造。诸佛说法不着二边,亦不着断,亦不着常②,如似八正道③说法。诸外道见是断、常事已,便生执着,欺诳世间,作法形像,所说实是非法。

注释

① **大梵天王**：梵文 Brāhmaṇa，系印度神话的创世大神，名尸弃，为娑婆世界之主。

② **常**：过去之我，也就是现在之我，相续不断，便是常。若是以为我是今世才生的，并不借着过去的因，这就是断。

③ **八正道**：（一）正见，见苦、集、灭、道这四谛之理；（二）正思维，经思维而使真智增长；（三）正语，不作一切虚妄不实之语；（四）正业，断除一切邪妄之行；（五）正命，顺着正法而活命；（六）正精进，发用真智而强修涅槃之道；（七）正念，以真智忆念正道而无邪念；（八）正定，摄诸散乱，身心寂静，正住真空之理，坚定不移。

译文

婆罗门教的徒众都说："大梵天王是世间之父，能造万物，是造万物的主人。"有一位弟子说："我也能造万物。"其实是愚痴，却自以为有智慧，对梵天说："我想造万物。"梵天王答道："不要生这个念头，你不能造的。"他不听梵天王的话，就动手造物了。梵天王见了弟子所造的物，就对他说："你头造得太大，颈脖太小；手做得太大，臂太小；脚做得太小，脚后跟太大，如毗舍阇鬼一般。"

从这可以知晓事物都是四大元素因缘和合，各自借着本身的业力，从而创造出来的，不是梵天王能造的。诸佛说佛道的意义，不执着于两个边见，也就是不执着于常见，也不执着于断见，就像八正道那样说佛道的意义。诸外道见了这等断或常的事情，便产生了执着之情，用这来欺诳世间，造作出具有规范意义的形象来，而所说的其实并不具有规范意义。

解说

宇宙的起源和演化、因和果的关系是印度哲学思想的核心问题。常见也就是因中有果，断见则是因中无果。持因中有果的是数论派，梁陈之际真谛译的《金七十论》是这一派的要典，认为宇宙起源于一个根本因，而解脱则是要使精神脱离物质而独立，认识那根本因。此书所引的《路歌夜多论》（即顺世论 Lakāyata）中的诗："鹅能生白色，鹦鹉生绿色，孔雀生杂色，我亦从此生。"则显示了因中无果的断见。"我"是指人的精神、灵魂，它也是像鹅之白、鹦鹉之绿那样自然而然产生的，也就是说，是依赖于物质而产生的，这样，精神、灵魂便不是独立存在的，也没有创造世界的梵天。这种以为我及世间万物并不借着过去的因，而是自然产生的观念，可以拿阿耆多·翅舍钦婆罗（Ajita keśakambali）的无因论作代表。《大毗婆沙论》卷一九九引述道："现见孔雀、鸾凤、鸡等，山石、草木、花果、刺等，色形差别，皆不由因，自然而有。彼作是说：谁铦诸刺？谁画禽兽？谁积山原？谁凿涧谷？谁复雕镂？草木花果，如是一切，皆不由因。于造世间，无自在者。"（《大正藏》第二十七册第九九七页）

而佛教则离弃了这两个极端的观念，认为一切都是互相联系、互相影响的，各自有因又互相为缘，不常、不断。如火焰相续，后火不是前火（不是同一物），但无前火则也无后火（有着相续性）。

62　病人食雉肉喻

原典

昔有一人，病患委笃。良医占之，云须恒食一种雉肉，可得愈病。而此病者市得一雉，食之已尽，更不复食。医于后时见便问之："汝病愈未？"病者答言："医先教我恒食雉肉，是故今者食一雉已尽，更不敢食。"医复语言："若前雉已尽，何不更食？汝今云何止食一雉，望得愈病？"

一切外道亦复如是，闻佛、菩萨无上良医说言当解心识，外道等执于常见，便谓过去、未来、现在唯是一识，无有迁谢，犹食一雉，是故不能疗其愚惑烦恼之病。大智诸佛教诸外道除其常见，一切诸法念念生灭，何有一识常恒不变？如彼世医教更食雉而得病愈，佛亦如是,教诸众生,令得解诸法坏故不常,续故不断,即得划除常见之病。

译文

从前有一个人,病得着实厉害。良医诊断了一下,说需经常吃一种雉肉便可以治愈这病。而这位病人买了一只雉,吃完之后,便不再吃了。医生后来见着了他,便问:"你的病好了没有?"这位病人答道:"大夫您先前教我常吃雉肉,而雉肉都是一样的,所以当时吃完一只之后,便不再吃了。"医生又说:"若是吃完了一只,为什么不继续吃下去呢?你现在只吃了一只雉,如何能希望治愈好呢?"

一切外道也都是这样,听闻佛、菩萨这无上良医说,应当解悟心是有觉有智的主体,识是了别、是心的作用。外道等执着于常见,便以为过去、现在、未来都只是一个心识,相续不断,没有变迁生灭,精神独立于物质而存在,总是同一个物。就好比雉肉都是同样一种雉肉一样,吃了一只,也就等于吃了全部,所以就无法治愈他们的愚惑烦恼的毛病。具有大智慧的诸佛指导诸外道祛除常见,因为一切事物刹那之间都在生灭变化着,哪有精神能脱离物质而恒常不变的呢?如那世俗的医生教病人继续吃雉肉方才可以治愈毛病一样，佛陀也教示众生，使其悟解一切事物时时都在坏灭，所以不常，又时时相续，所以不断，这样就可以划除常见之病。

63　伎儿着戏罗刹服共相惊怖喻

原典

昔乾陀卫国①有诸伎儿因时饥俭逐食他土。经婆罗新山，而此山中素饶恶鬼食人罗刹②。时诸伎儿会宿山中，山中风寒，燃火而卧。伎人之中有患寒者，着彼戏衣罗刹之服，向火而坐。时行伴中从睡寤者，卒见火边有一罗刹，竟不谛观，舍之而走。遂相惊动，一切伴侣悉皆逃奔。时彼伴中着罗刹衣者亦复寻逐，奔驰绝走。诸同行者见其在后，谓欲加害，倍增惶怖，越度山河，投赴沟壑，身体伤破，疲极委顿，乃至天明，方知非鬼。

一切凡夫亦复如是，处于烦恼饥俭善法而欲远求常乐、我、净无上法食，便于五阴之中横计于我，以我见故，流驰生死，烦恼所逐，不得自在，坠堕三涂[3]恶趣沟壑。至天明者，喻生死夜尽智慧明晓，方知五阴无有真我。

注释

[1] **乾陀卫国**：梵文 Gāndhāra 的音译，意为香遍国，因为处处有香气馥郁的花。在中国文献中，尚称小月氏、乾陀（《魏书·西域传》）、月氏国（《高僧传·昙无竭传》）、犍陀罗、建陀罗（慧超《往五天竺国传》）、健陀罗（《吴船录》）、犍陀卫（《法显传》）、犍陀越（《水经注》引释氏《西域志》），位于斯瓦脱河最下游的东岸、喀布尔河的北岸，即现今的白沙瓦（Peshāwar）和拉瓦尔品第（Rāwalpindi）地区。乾陀卫国是亚洲古代史上著名大国。公元前四世纪末，马其顿亚历山大入侵南亚，乾陀卫文化艺术曾受希腊影响。公元前三世纪时，摩揭陀国（孔雀王朝）阿育王遣佛教徒来此传教，遂形成举世闻名的乾陀卫式佛教艺术。

[2] **罗刹**：梵文 Rākṣasa，意为恶鬼，食人血肉，或飞空，或地行，很是捷疾可畏。

[3] **三涂**：又作三途。即火涂、刀涂、血涂，义同三恶道之地狱、饿鬼、畜生，乃因身、口、意诸恶业所引生之处。（一）火涂：地狱道，以于彼处受镬汤、炉炭

之热所苦。(二)刀涂：饿鬼道，以于彼处常受刀杖驱逼等之苦。(三)血涂：畜生道，以于彼处众生，强者凌弱，互相吞啖，饮血食肉，故称血涂。

译文

　　从前乾陀卫国有一班艺人，因为岁时饥馑就到别处去觅求生计。途经婆罗新山，而这山中素来多恶鬼，如吃人的罗刹鬼之类。当时这帮艺人一起在山中过夜，山中风寒，就燃火而卧。有一位艺人觉得冷，就起来披上演罗刹用的戏衣，向火而坐。伙伴中有人一觉醒来，猝然看见火边有一个罗刹鬼，竟不细察一下，爬起来就逃。于是惊动了其他伴侣，全都逃奔而去。这时，那个穿罗刹衣的人不明就里也立即跟了上去，奔驰绝走。众人见他在后面，以为要加害于他们，倍增惶怖，就越山渡河，投沟赴壑，身体都伤破了，委顿跌踬，疲惫不堪。直至天明，方才知道不是鬼。

　　世上的人也都是这样，处于烦恼饥馑这样的不可避免然而却能使人悟解真理的善法之中，转而想远求涅槃的四种功德常、乐、我、净这样的无上法食，就在色、受、想、行、识五阴之身中硬是执着为有我，因为这种有我的看法，便流驰于生死之途，受着烦恼的追逐，无法自在，坠堕在火、血、刀这三涂恶趣的沟壑中。至天明，譬喻生死夜尽，智慧明晓，方才知道五阴之身只是四大和合而已，没有什么真正的我。

解说

可与第三十五则《宝箧镜喻》并读。

64　人谓故屋中有恶鬼喻

原典

昔有故屋,人谓此室常有恶鬼,皆悉怖畏,不敢寝息。时有一人,自谓大胆,而作是言:"我欲入此室中寄卧一宿。"即入宿止。后有一人,自谓胆勇胜于前人,复闻傍人言,此室中恒有恶鬼,即欲入中,排门将前。时先入者谓其是鬼,即复推门,遮不听前。在后来者复谓有鬼。二人斗争,遂至天明,既相睹已,方知非鬼。

一切世人亦复如是。因缘暂会,无有宰主,一一推析,谁是我者?然诸众生横计是非,强行争讼,如彼二人,等无差别。

译文

从前有一间老屋，人人都说房内常有恶鬼，就都害怕，不敢进去住。这时有一个人，自认为大胆，说："我想进这屋中去睡一夜。"就进去住下了。后来另有一个人，自以为胆勇要胜过前面那个人，又听旁人说这屋中常有恶鬼，就想进去，一把推开门来。先进入的那位以为他是鬼，也就一把挡住门，不让他进来。后来的这位也以为有鬼。于是两人抗衡着，直到天明，你看看我，我看看你，方知都不是鬼。

世上的人也都是这样。人都是四大元素借着互为条件的因缘暂时会聚起来，构成一个身体，并没有一个主宰作用的元素存在，一一推析起来，谁是我呢？然而世人硬是执着于我是你非，强生争讼，如那两个人的争斗，毫无差别。

65　五百欢喜丸喻

原典

昔有一妇，荒淫无度，欲情既盛，嫉恶其夫。每思方策，规①欲残害，种种设计，不得其便。会值其夫聘使邻国，妇密为计，造毒药丸，欲用害夫，诈语夫言："尔今远使，虑有乏短。今我造作五百欢喜丸②，用为资粮，以送于尔。尔若出国至他境界，饥困之时，乃可取食。"

夫用其言，至他界已，未及食之，于夜暗中，止宿林间，畏惧恶兽，上树避之，其欢喜丸忘置树下。即以其夜，值五百偷贼盗彼国王五百匹马并及宝物，来至树下。由其逃突，尽皆饥渴，于其树下见欢喜丸，诸贼取已，各食一丸。药毒气盛，五百群贼一时俱死。时树上人至天明已，见此群贼死在树下，诈以刀箭斫射死尸，收其鞍马并及财宝，驱向彼国。

时彼国王多将人众案迹来逐，会于中路值于彼王。彼王问言："尔是何人？何处得马？"其人答言："我是某国人，而于道路值此群贼，共相斫射。五百群贼今皆一处死在树下，由是之故我得此马及以珍宝来投王国。若不见信，可遣往看贼之疮痍杀害处所。"王时即遣亲信往看，果如其言。王时欣然，叹未曾有。既还国已，厚加爵赏，大赐珍宝，封以聚落。彼王旧臣咸生嫉妒，而白王言："彼是远人，未可服信。如何卒尔宠遇过厚，至于爵赏逾越旧臣？"远人闻已，而作是言："谁有勇健，能共我试，请于平原校其技能。"旧人愕然，无敢敌者。

后时彼国大旷野中有恶狮子，截道杀人，断绝王路。时彼旧臣详共议之："彼远人者，自谓勇健无能敌者，今复若能杀彼狮子，为国除害，真为奇特。"作是议已，便白于王。王闻是已，给赐刀杖，寻即遣之。尔时远人既受敕已，坚强其意，向狮子所。狮子见之，奋激鸣吼，腾跃而前。远人惊怖，即便上树。狮子张口，仰头向树。其人怖急，失所捉刀，值狮子口，狮子寻死。尔时远人欢喜踊跃，来白于王。王倍宠遇。时彼国人率尔敬服，咸皆赞叹。

其妇人欢喜丸者，喻不净施；王遣使者，喻善知识；至他国者，喻于诸天；杀群贼者，喻得须陀洹，强断五欲并诸烦恼；遇彼国王者，喻遭值圣贤；国旧人等生嫉妒者，喻诸外道见有智者能断烦恼及以五欲，便生诽谤，言无此事；远人激厉而言旧臣无能与我共为敌者，喻于外道无敢抗衡；杀狮子者，喻破恶魔；既断烦恼，又伏恶魔，便得无着道果封赏；每常怖怯者，喻能以弱而制于强；其施初时虽无净心，然彼其施，遇善知识便获胜报；不净之施犹尚如此，况复善心欢喜布施？是故应当于福田所勤心修施。

注释

① 规，宋、元、明三藏俱作"频"。规，谋也。

② 欢喜丸：梵文 Mahoṭikā，一种饼，用酥、面、蜜、姜、胡椒、荜菱、葡萄、胡桃、石榴、樱子和合而成。

译文

从前有个女人，荒淫无度，欲情既已煽旺了，就嫉恶起自己的丈夫来。时时想着办法，计谋着要残害他，设了种种计策，却得不到下手的机会。恰遇上丈夫受聘出使邻国，女人设法偷做了毒药丸，欲用来害死丈夫，骗说道："如今你要远行了，恐怕有吃不上东西的时候，我做了五百个欢喜丸，用作路上的干粮，就拿这送你吧！你若是出国进了人家的地界，饿了，就可以取出来吃。"

丈夫听了她的话，出了国界，还没来得及吃掉，夜暗下来了，便停在林间，准备住一宿。因为畏惧恶兽，就上树去避，欢喜丸便忘记放在树下。就在这一夜，五百盗贼偷了国王五百匹马及诸多宝物，来到了树下。逃遁的缘故，都饥渴极了，见树下有欢喜丸，众贼拿了，各人吃下一丸去。药的毒力旺盛，五百个贼一时都死了。至天明，树上人见群贼死在树下，就以刀箭斫射死尸，伪装了一个场面，收领了鞍马和财宝，向国城驱赶而去。

这时国王带了一群人马循迹逐来，恰好在中途遇上了。那国王问道："你是什么人？哪里得的马？"这人答道："我是某国人，在路上碰到这群贼，就与他们斫射起来。五百个贼如今都在树下同在一处死了，这才得了马和珍宝来投大王的都城。如若不信，可派人去查看杀贼的地方，满目疮痍呢！"国王即派亲信前去，果如其言。国王兴奋异常，叹说不曾有、不曾有。回到都城，便厚封爵位，重加赏赐，划了领地与他。国王的旧臣都生了嫉妒之情，进言道："他是外方人，不可深信。对他的宠遇怎么一下子这样丰厚，封爵加赏竟然超过了旧臣？"外方人听闻了，说："谁有勇气健力，敢与我比试一下，请到平旷之处较量一番。"旧臣愕然，没人敢站出来。

后来这国的旷野之中有只凶猛的狮子，截道杀人，断绝了通路。那些旧臣就细细商议起来："这外方人，自称勇健无敌，如今若是又能杀了那只狮子，为国除害，倒真是非凡的人了。"议罢，便去说给国王听。国王旋即赐给刀杖，派他去了。外方人受了命，硬是鼓起勇气，向狮子那儿行去。狮子见了，奋激鸣吼，腾跃而前。外方人惊怖万分，转身爬上树去。狮子仰头张口，盯着树上。这人慌乱急促之中，落了手中捉着的刀，恰好掉进狮子口中，狮子顷刻间死了。当时外方人大喜过望，急急地来对国王讲。国王倍加宠遇，国中人民顿时都敬服，赞叹不已。

那女人的欢喜丸，譬喻以妄心求福报而行的不净施；国王派他做使者，譬喻导引人入正道的善知识；到得另一国，譬喻进入诸天；杀了群贼，譬喻得须陀洹道，坚定地断除了五欲及种种烦恼；遇上那位国王，譬喻遭逢圣贤；国中产生嫉妒的旧臣，譬喻诸外道见有智者断灭了烦恼及五欲，便进行诽谤，说没有这等事；外方人激励地说旧臣没人能是他的对手，譬喻外道无人敢抗衡；杀死狮子，譬喻破除恶魔；既断灭了烦恼，又降伏了恶魔，便得到无执着于事物之念的阿罗汉道果的封赏；常常惊怖退却，譬喻能以弱制强；那布施初先虽不存什么净心，然而，其布施时逢遇善知识便获得了殊胜的果报；不净施尚且如此，何况又是善心欢喜地行布施呢？所以应当在可以生长出果报来的福田上勤心修行布施。

66　口诵乘船法而不解用喻

原典

　　昔有大长者子，共诸商人入海采宝。此长者子善诵入海捉船方法，若入海水漩洑、洄流、矶激之处，当如是捉、如是正、如是住。语众人言："入海方法，我悉知之。"众人闻已，深信其语。既至海中，未经几时，船师遇病，忽然便死。时长者子即便代处，至洄洑驶流之中，唱言："当如是捉、如是正。"船盘回旋转，不能前进至于宝所，举船商人没水而死。

　　凡夫之人亦复如是，少习禅法、安般数息①及不净观，虽诵其文，不解其义，种种方法，实无所晓，自言善解，妄授禅法，使前人迷乱失心，倒错法相，终年累岁，空无所获，如彼愚人，使他没海。

注释

①**安般数息**：安般，梵文 Ānāpāna，或译安那般那，安是呼出气息，般是吸入气息，一心点数那气息，勿令忘失，就叫作数息观。

译文

曾有一位长者的儿子与一帮商人入海去采宝。这位长者的儿子对入海驾船的方法可琅琅上口，譬如到了大海的漩涡、洄流、礁矶激溅之处，应当这样把、这样整、这样停之类。他对大家说："入海方法，我全知道。"众人听了，完全相信他的话。到得海中，没过多时，船师得了病，忽然之间，死去了。长者的儿子就接替了他，航至漩洄的急流之中，大叫着："应这样把、这样整。"船盘回旋转，不能前进到宝渚去，没多久全船商人都没水而死。

世人也是这样，稍微修习了一下禅法、安般数息观和不净观，虽是记诵住了文辞，却不通其中的意思，也不了解修行的种种方法，妄自张扬说已深透地理解了，便胡乱传授禅法，使得一意精进的人迷乱了，失了自性清净心，颠倒错乱了诸法的殊别之相，经年累月都毫无收获，就像那位愚人，使得他人没于海中。

67　夫妇食饼共为要喻

原典

昔有夫妇，有三番饼。夫妇共分，各食一饼，余一番在，共作要①言："若有语者，要不与饼。"既作要已，为一饼故，各不敢语。须臾有贼入家偷盗，取其财物。一切所有，尽毕贼手。夫妇二人，以先要故，眼看不语。贼见不语，即其夫前，侵略其妇。其夫眼见，亦复不语。妇便唤贼，语其夫言："云何痴人，为一饼故，见贼不唤？"其夫拍手笑言："咄！婢，我定得饼，不复与尔。"世人闻之，无不嗤笑。

凡夫之人亦复如是，为小名利故，诈现静默，为虚假烦恼种种恶贼之所侵略，丧其善法，坠堕三涂，都不怖畏求出世道，方于五欲耽着嬉戏，虽遭大苦，不以为患，如彼愚人，等无有异。

注释

① 要：约。

译文

　　曾有一对夫妇，家有三块饼。两人各吃了一块，剩下一块，两人约定道："若是谁说话了，定是不给他这块饼了。"之后，为了这一块饼的缘故，各各不敢言语。过了一会儿，有贼入室来偷取财物，家中所有，尽入了贼手。夫妇两人因为先前有约定，眼看着，不语。贼见他们一言不发，就在其丈夫的面前侵辱起他的妻子来。丈夫亲眼见了，也依然不说。妻子便大喊有贼，对丈夫叫道："你这愚痴的人，怎么为了一块饼，眼看着贼这般也不喊？"丈夫拍手笑道："咄！蠢婢子，我得定了饼，你没份了。"世人听了此事，无不嗤笑。

　　凡夫之人也是这样，为了小名利的缘故，硬是装出静默的样子来，却受着虚假引致的烦恼，这种种恶贼的侵侮，丧失了善法，坠堕于三涂，都毫不怖畏。也不去觅求出离生死的正道，一意在五欲中耽着嬉戏，虽是遭了大苦报，也不以为祸患。就如那个为饼失财的愚人，没有什么差别。

68　共相怨害喻

原典

昔有一人,共他相嗔,愁忧不乐。有人问言:"汝今何故愁悴如是?"即答之言:"有人毁我,力不能报。不知何方可得报之,是以愁耳。"有人语言:"唯有毗陀罗咒①可以害彼,但有一患,未及害彼,反自害己。"其人闻已,便大欢喜:"愿但教我,虽当自害,要望伤彼。"

世间之人亦复如是,为嗔恚故,欲求毗陀罗咒用恼于彼,竟未害他,先为嗔恚反自恼害,堕于地狱、畜生、饿鬼,如彼愚人,等无差别。

注释

①**毗陀罗咒**：毗陀罗，梵文 Vetāla，意为起尸鬼。先觅求一个全身死人，用咒语让他站起来，将刀放在他手中，叫他去杀人。要先办好一只羊、一棵芭蕉树。若是杀不了那个人的话，便回过来杀这羊、这树。否则的话，就回过来杀作咒术的人。

译文

曾有一人，与他人结了怨，愁忧不乐。有人问道："你什么事儿这么愁苦憔悴？"他随即答道："有人毁谤我，我无力还击。不知有什么方法可以报复他，就愁成这个样子了。"这人说道："只有毗陀罗咒可以害他，但有一个过患，还来不及害他，却反而先害了自己。"他听罢，便大欢喜："希望教会我。虽是要害及自身，只要能损害他，就行。"

世上的人也是这样，出于怨恨的缘故，想觅求毗陀罗咒来害别人，终竟还没有害成，先被这怨恨害了自己，堕于地狱、畜生、饿鬼之涂中。就如那个害人反先害己的愚人，没有什么差别。

源流

《经律异相》卷四十四引《譬喻经》：昔有一人于市卖毗耶鬼。欲买鬼者问索几许。鬼主言："二百两金。"曰："此鬼有何奇异，乃索尔所金耶？"曰："此鬼甚巧，无物不为，计一日作，当百人。唯有一病，宜先防护之。"问："为何等病？"曰："此鬼欲使作时，昼夜使之，莫令停息。若无作者，便还害主。"主人顾金将归，令作田种，作田种竟，便使木作，木作竟，复使治地，作屋，舂磨，炊爨，初不宁息。数年之中，乃致大富。主人有事，当行作客，忘不处分。而鬼复欲作，无有次第，取主人儿内釜中，燃火煮之。比主人还，子以烂熟。伤切懊恼，知复何言。（《大正藏》第五十三册第二三一至二三二页）

《佛说四十二章经》：佛言，恶人害贤者，犹仰天而唾，唾不污天，还污己身，逆风坌人，尘不污彼，还坌于身。（《大正藏》第十七册第七二二页）

69　效其祖先急速食喻

原典

昔有一人从北天竺至南天竺,住止既久,即聘其女共为夫妇。时妇为夫造设饮食,夫得急吞不避其热。妇时怪之,语其夫言:"此中无贼劫夺人者,有何急事,匆匆乃尔,不安徐食?"夫答妇言:"有好密事,不得语汝。"妇闻其言,谓有异法,殷勤问之。良久,乃答:"我祖父已来,法常速食,我今效之,是故疾耳。"

世间凡夫亦复如是,不达正理,不知善恶,作诸邪行,不以为耻,而云我祖父已来作如是法,至死受行,终不舍离,如彼愚人,习其速食,以为好法。

译文

　　从前有一个人从北天竺到南天竺去,住得久了,就娶了那儿的女人做妻子。妻子给他准备了饭菜,他到手便急急地吞了下去,一点也不顾及它有多烫。妻子奇怪了,说:"这儿又没有强盗来抢,有什么要紧事,这般急匆匆地,不慢悠悠地细嚼徐咽?"他答道:"这里有秘密,不能告诉你。"妻子听了这话,以为有什么奇异的法术,便缠着问。良久,他方才答道:"自我祖父以来,常是速咽急吞,我如今是仿效他们,就这么快了。"

　　世间的凡夫也是这样,不通达正理,不明晓善恶,做出种种邪行来,不以为耻,却说自我祖父以来已是这样的做法,便至死都依循着做下去,毫不舍离,就像那个愚人,效习着急吞速咽,以为是好的吃法。

解说

　　传统自是有好坏的,不可一概依循不违。

70 尝庵婆罗果喻

原典

昔有一长者遣人持钱至他园中买庵婆罗果①而欲食之，而敕之曰："好甜美者，汝当买来。"即便持钱往买其果。果主言："我此树果悉皆美好，无一恶者。汝咽一果，足以知之。"买果者言："我今当一一尝之，然后当取。若但尝一，何以可知？"寻即取果一一皆尝，持来归家。长者见已，恶而不食，便一切都弃。

世间之人亦复如是，闻持戒施得大富乐，身当安隐，无有诸患，不肯信之，而作是言："布施得福，我自得时，然后可信。"目睹现世贵贱贫穷皆是先业所获果报，不知推一以求因果，方怀不信，须己自经。一旦命终，财物丧失，如彼尝果，一切都弃。

注释

① **庵婆罗果**：梵文 Āmra，即杧果。花多而结子甚少，有两个品种，小的一种生时青色熟时转黄，大的却始终是青色。

译文

曾有一位长者，想吃庵婆罗果，便派人拿了钱到他人果园中去买，吩咐道："很甜美的，你就买来。"他就拿钱去买果了。果园主说："我这树的果都很好，没有一个坏的。你尝一个，就知道了。"买果人说："我要一个一个都尝了，才买。若是只尝了一个，怎知好坏呢？"随即取果一一尝了，拿回家来。长者见了，觉得厌恶，便都扔了。

世上的人也是这样，听说受持戒律、进行布施可以得到大富极乐，身体会觉得安稳怡惬，没有烦闷狂躁之类的毛病，世人不肯相信，说："布施得福，我真的得了，然后才可相信。"放眼望去，现世的贵贱贫富，都是先世业行所获的果报，却不知推一想十，以果求因，总怀着不信的心理，需自己亲身经历了方信。一旦命终了，就丧失了一切财物，如那个愚人，将果一一尝了，只好把一切的果都丢弃了。

解说

　　实践是非常必要且有效的,然而绝对的实践主义不仅时时碰壁,而且不可能做到。也可参见本书《引言》,佛对梵志"若未泥洹,云何得知泥洹常乐?"的回答。

71 为二妇故丧其两目喻

原典

昔有一人,聘取二妇,若近其一,为一所嗔,不能裁断,便在二妇中间正身仰卧。值天大雨,屋舍淋漏,水土俱下,堕其眼中。以先有要,不敢起避,遂令二目俱失其明。

世间凡夫亦复如是,亲近邪友,习行非法,造作结业,堕三恶道,长处生死,丧其慧眼,如彼愚夫,为二妇故,二眼俱失。

译文

从前有一个人娶了两位妻子,若是亲近其中的一位,另一位就生气了,决断不下,便在两位妻子中间直端端地仰卧着。正值天下大雨,屋舍淋漏,水土俱下,堕落在他的眼中。因先有约定,不敢起身躲避,便使得双目都失明了。

世间的凡夫也是这样,亲近坏朋友,习行非法的事,迷惑了身心,造作出恶业,堕于三恶道中,长处生死轮回,丧失掉慧眼,就好像那个愚人,为了两个妻子的缘故,使双目都失明了。

源流

《经律异相》卷四十四引《十卷譬喻经》卷三:昔有一人作两业,有二妇。适诣小妇,小妇语言:"我年少,婿年老,我不乐住,可往大妇处作居。"其婿拔去白发。适至大妇处,大妇语言:"我年老,头已白。婿头黑,宜去。"于是拔黑作白,如是不止,头遂秃尽。二妇恶之,便各舍去,坐愁致死。过去世时,作寺中狗。水东一寺,水西一寺。闻犍搥鸣,狗便往得食。后日两寺同时鸣磬,狗浮水欲渡,适欲至西,复恐东寺食好;向东,复恐西寺食好。如是犹豫,溺死水中。(《大正藏》第五十三册第二三一页)

72 唵米决口喻

原典

昔有一人至妇家舍，见其捣米，便往其所偷米唵之。妇来见夫，欲共其语，满口中米，都不应和，羞其妇故，不肯弃之，是以不语。妇怪不语，以手摸看，谓其口肿，语其父言："我夫始来，卒得口肿，都不能语。"其父即便唤医治之。时医言曰："此病最重，以刀决之，可得差耳。"即便以刀决破其口，米从中出，其事彰露。

世间之人亦复如是，作诸恶行，犯于净戒，覆藏其过，不肯发露，堕于地狱、畜生、饿鬼。如彼愚人，以小羞故，不肯吐米，以刀决口，乃显其过。

译文

曾有一人到丈母娘家去,见她在家捣米,就去那儿偷了一把米含在嘴里。妻子来见丈夫,想跟他说话,而他满口含着米,唔唔地不应答,因为在妻子面前怕难为情,不肯吐弃出来,也就不说话了。妻子见他不说话,奇怪了,抬手摸看,以为他口肿了,便对父亲说:"我丈夫刚来,忽然患了口肿,都不能说话了。"她父亲随即叫来医生替他治疗。医生说:"这病极重,开了刀,方可治好。"就用刀决破了他的口,米从中泻了出来,事情败露了。

世上的人也是这样,做了种种恶行,毁犯了清净的戒律,就把过错覆藏起来,不肯发露,堕入于地狱、畜生、饿鬼这类恶道中。就好比那个愚人,出于小小的难为情,不肯吐出米来,以刀决口,方显露出他的过失来。

73　诈言马死喻

> 原典

昔有一人骑一黑马入阵击贼,以其怖故,不能战斗,便以血污涂其面目,诈现死相,卧死人中。其所乘马为他所夺,军众既去,便欲还家,即截他人白马尾来。既到舍已,有人问言:"汝所乘马今为所在?何以不乘?"答言:"我马已死,遂持尾来。"傍人语言:"汝马本黑,尾何以白?"默然无对,为人所笑。

世间之人亦复如是,自言善好,修行慈心,不食酒肉,然杀害众生,加诸楚毒,妄自称善,无恶不造,如彼愚人,诈言马死。

译文

　　从前有一个人骑着一匹黑马入阵与敌作战,由于恐惧害怕,不敢战斗了,便用血污涂在面孔上,装出死的模样来,卧在死人中间。所骑的马便被别人夺走了,军队离去后,便想回家,就截了人家的白马尾回来。到了家,有人问他:"你骑的那匹马如今在哪里?为何不骑呢?"他答道:"我的马已死了,就拿了尾巴回来。"旁人说道:"你的马原本是黑的,尾巴怎么是白的呢?"他默然无答,遭到众人的嗤笑。

　　世上的人也是这样,说自己积善行好,修行慈心,不食酒肉,然而却杀害众生,鞭捶棒打,虚妄地自称行善,其实无恶不作,就像那个愚人,骗说马死了。

74　出家凡夫贪利养喻

原典

昔有国王,设于教法:诸有婆罗门等在我国内制抑①洗净,不洗净者,驱令策使种种苦役。有婆罗门空捉澡罐,诈言洗净。人为着水,即便泻弃,便作是言:"我不洗净,王自洗之!"为王意故,用避王役,妄言洗净,实不洗之。

出家凡夫亦复如是,剃头染衣②,内实毁禁;诈现持戒,望求利养,复避王役;外似沙门,内实虚欺,如捉空瓶,但有外相。

注释

① **制抑**:制,束缚;抑,压;意为必须。

② **染衣**：僧衣，以木兰等色染之，故名染衣。古印度平民一般身着白衣。

译文

从前有位国王，设立了一条教法：凡是婆罗门等教徒居住在我国内必须将身体洗净，若不洗净，则驱使他做种种苦役。有位婆罗门空提着澡罐，谎说洗净了。别人替他注了水，他随即就泻弃掉，说："我不洗净，国王自己洗身去吧！"迫于国王的命令，为了避开苦役，就妄说洗净了，其实并没有洗。

出家的凡夫也是如此，剃了头，穿了缁衣，内心其实毁了禁戒；装出持戒的样子来，企望得到利养，又避去国王的劳役。外形虽似沙门，内心其实充满了虚假和欺骗，就如提着空瓶一样，只有外相而已。

75　驼瓮俱失喻

原典

昔有一人，先瓮中盛谷。骆驼入头瓮中食谷，后不得出。既不得出，以为忧恼。有一老人来语之言："汝莫愁也！我教汝出，汝用我语，必得速出。汝当斩头，自得出之。"即用其语，以刀斩头。既复杀驼，而复破瓮，如此之人，世间所笑。

凡夫愚人亦复如是，悕心菩提，志求三乘，宜持禁戒，防护诸恶，然为五欲，毁破净戒。既犯禁已，舍离三乘，纵心极意，无恶不造。乘及净戒，二俱捐舍，如彼愚人，驼瓮俱失。

译文

　　从前有个人，先是在瓮中盛了谷子。骆驼伸头进瓮中吃谷子，过后伸不出来了。如此，这人很是忧恼。有一位老人来对他说："你不要愁啊！我教你怎样弄出来，你听我的话，必定能快快弄出。你应斩掉它的头，自然可出来了。"就采用了他的话，以刀斩头。既杀了骆驼，又破了瓮，如此愚人，世间所笑。

　　凡夫愚人也是这样，一意向往正觉，志在求得声闻、缘觉、菩萨三乘之果，那么，就应该受持禁戒，防止种种恶行，然而为了财、色、名、食、睡这五欲的享受，毁破了净戒。既犯了戒，又舍离三乘，纵心极意，无恶不作。三乘和净戒，两样都丧失了，如那个愚人一样，骆驼和瓮都失掉了。

76　田夫思王女喻

原典

昔有田夫，游行城邑，见国王女颜貌端正，世所希有，昼夜想念，情不能已。思与交通，无由可遂，颜色瘀黄，即成重病。诸所亲里便问其人何故如是，答亲里言："我昨见王女，颜貌端正，思与交通，不能得故，是以病耳。我若不得，必死无疑。"诸亲语言："我当为汝作好方便，使汝得之，勿得愁也。"后日见之，便语之言："我等为汝便为是得，唯王女不欲。"田夫闻之，欣然而笑，谓呼必得。

世间愚人亦复如是，不别时节春、夏、秋、冬，便于冬时掷种土中，望得果实，徒丧其功，空无所获，芽、茎、枝、叶一切都失。世间愚人修习少福，谓为具足，便谓菩提已可证得，如彼田夫悕望王女。

译文

　　曾有一个农夫，至京城游玩，见国王的女儿颜貌端正，世所稀有，便昼夜想念，情不能已。渴望与她接近，又没有路径可以达到，便思念得面色瘀黄，遂即成了重病。亲友邻里便问他为什么会这样，他答道："我往日见及国王的女儿，颜貌端正，渴想着与她接近，不能办到的缘故，这就病了。我若是得不到，必死无疑。"亲友说道："我们会替你想好办法的，让你得到她，先不要愁呵！"大家日后见了他，对他说："我们为你想的办法以为是可以得到的，只是公主不肯。"田夫听了，欣然而笑，高呼着必可得到的，必可得到的。

　　世上的愚人也是这样，不分别春、夏、秋、冬的时节，便在冬天将种子掷撒土中，祈望得到果实，却是白白浪费功夫，一无所获，芽、茎、枝、叶之类都不会有。世间的愚人修习了一点点福业，便以为圆满具足了，菩提道果已可证得，就像那位渴望得到公主的田夫一样。

77 构驴乳喻

原典

昔边国人不识于驴,闻他说言驴乳甚美,都无识者。尔时诸人得一父驴,欲构其乳,争共捉之。其中有捉头者,有捉耳者,有捉尾者,有捉脚者,复有捉器者,各欲先得,于前饮之。中捉驴根,谓呼是乳,即便构之,望得其乳。众人疲厌,都无所得。徒自劳苦,空无所获,为一切世人之所嗤笑。

外道凡夫亦复如是,闻说于道,不应求处,妄生想念,起种种邪见。裸形自饿,投岩赴火,以是邪见,堕于恶道,如彼愚人妄求于乳。

译文

从前，边远国家的人不认得驴，听说驴乳甚美，也都没有尝到过。当时一些人得了一头公驴，想挤它的乳来尝尝，便争着将它捉住。其中有捉头的，有捉耳的，有捉尾的，有捉脚的，又有捉生殖器的，各人都想先得，就上前去，吮吸了一番。其中有捉住驴鞭的，叫道，啊哈！这是乳了，随即挤起来，祈望得到乳汁。众人一无所得，疲厌了。徒然地劳苦了一番，毫无结果，遭到世人的嗤笑。

外道凡夫也是这样，耳闻了修道的方法，却不知道怎样实行，在不应修求的地方，妄生出迷念来，形成种种邪见。于是裸露身体，自忍饥饿，投身悬崖，赴于火中，以为可以得道，由于这种邪见，便堕落于三恶道之中，如那些在公驴身上妄求乳汁的愚人一样。

源流

《大智度论》卷二十三：所求不以道，不识事缘，如犛角求乳，无明覆故。(《大正藏》第二十五册第二三二页)

78　与儿期早行喻

原典

昔有一人夜语儿言:"明当共汝至彼聚落,有所取索。"儿闻其语已,至明清旦,竟不问父,独往诣彼。既至彼已,身体疲极,空无所获,又不得食,饥渴欲死。寻复回还,来见其父。父见子来,深责之言:"汝大愚痴,无有智慧,何不待我?空自往来,徒受其苦,为一切世人之所嗤笑。"

凡夫之人亦复如是,设得出家,即剃须发,服三法衣①,不求明师谘受道法,失诸禅定道品功德,沙门妙果一切都失。如彼愚人虚作往返,徒自疲劳,形似沙门,实无所得。

注释

① 三法衣：一是僧伽胝，梵文 Saṃghāti，系三衣中最大的，所以称为大衣。此衣由许多布条缝合而成，所以又称杂碎衣、复衣。凡入王宫、乞食、说法时，须穿僧伽胝。二是郁多罗僧，梵文 Uttarāsanga，系上衣，由七条布制成，所以又称七条衣。三是安陀会，梵文 Artanvāsaka，系下衣或内衣，又称五条衣。

译文

从前有一个人，夜中对儿子说："明日与你一道到那村落去，有些东西想去索取。"儿子听了，至次日清晨，竟不问父亲索取什么，独自直奔那儿去了。到了那地方，身体疲惫极了，却一无所获，又吃不着东西，饥渴得要命。随即又往回跑，来见父亲。父亲见儿子回来，训责道："你这愚痴的人，没有智慧，为何不等等我？空空地来回跑，白白地受饥苦，被众人嗤笑！"

凡夫俗子也是这样，倘若得以出家，就剃除须发，穿上三类法衣，却不向明师咨询道法，失掉了种种禅定道品的功德，沙门应有的妙果都失掉了。就如那个愚人一样，空佬佬来回跑，徒然受疲劳，外形虽似沙门，其实一无所得。

79　为王负机喻

原典

昔有一王,欲入无忧园中欢娱受乐,敕一臣言:"汝捉一机,持至彼园,我用坐息。"时彼使人羞不肯捉,而白王言:"我不能捉,我愿担之。"时王便以三十六机置其背上,驱使担之,至于园中。如是愚人,为世所笑。

凡夫之人亦复如是,若见女人一发在地,自言持戒,不肯捉之。后为烦恼所惑,三十六物①发毛、爪齿、屎尿不净,不以为丑,三十六物一时都捉,不生惭愧,至死不舍,如彼愚人担负于机。

注释

①三十六物：外相十二，发毛、爪齿、屎尿之类；身器十二，皮血之类；内含十二，赤痰、白痰之类。

译文

从前有一位国王，想入无忧园中欢娱嬉乐，吩咐一个臣子道："你拿一张矮凳子来，放到园中去，我好用作休息。"当时那人羞于拿着一张凳子，便对国王说："我不能拿，我愿背着。"国王便把三十六张凳子放在他背上，叫他担负到园中去。这样的愚人，遭世人嗤笑。

凡夫俗子也是这样，若是见到女人的一根头发在地上，便说自己持着禁戒呢，不肯去捡。后来受到烦恼的迷惑，三十六种不净之物如发毛、爪齿、屎尿之类无一不拿，不觉得什么肮脏，也没有什么惭愧，至死都不肯舍弃，就像那个背着凳子的愚人一样。

80　倒灌喻

原典

昔有一人，患下部病。医言："当须倒灌，乃可瘥耳。"便集灌具，欲以灌之。医未至顷，便取服之。腹胀欲死，不能自胜。医既来至，怪其所以，即便问之："何故如是？"即答医言："向时灌药，我取服之，是故欲死。"医闻是语，深责之言："汝大愚人，不解方便。"即更①以余药服之，方得吐下，尔乃得瘥。如是愚人，为世所笑。

凡夫之人亦复如是，欲修学禅观种种方法，应观不净，反观数息，应数息者，反观六界②。颠倒上下，无有根本，徒丧身命，为其所困。不谘良师，颠倒禅法，如彼愚人，饮服不净。

注释

① "更"，《丽藏》作"便"，今据宋、元、明三藏改。

② **六界**：又叫六大，地（骨肉）、水（血）、火（暖热）、风（呼吸）、空（耳鼻之孔空）、识（苦、乐）这六大假合起来，构成身体。

译文

曾有一个人腹部患病了。医生说："需灌一下肠，才会好。"便去把各种灌具拿拢来，准备给他洗肠。医生离去的那会儿，这人取药吃了下去，结果腹胀得要命，无法忍受。医生回来一见，奇怪了，就问："为什么会这样？"他答道："刚才的灌药，我吃下去了，所以难受得要死。"医生听罢，狠狠责备道："你这大愚人，不懂用法，从肛门灌的，哪是口服的！"随即又用另外的药给他吃了下去，方才吐了出来，病才好。这样的愚人，遭世人的嗤笑。

凡夫俗子也是这样，想修学禅观的种种方法，应观不净的，反而观数息，应观数息的，反而观地、水、火、风、空、识等六界的不净和假合。这样颠倒了上下，不了解其中的根本意义，就白白地把生命的大好时光无谓地耗费掉了,到头来还要被它困扰住。不咨询良师,颠倒了禅法,盲修瞎练,就像那个愚人饮服灌药一样。

81 为熊所啮喻

原典

昔有父子与伴共行。其子入林为熊所啮,爪坏身体,困急出林,还至伴边。父见其子身体伤坏,怪问之言:"汝今何故被此疮害?"子报父言:"有一种物,身毛耽毵①,来毁害我。"父执弓箭,往到林间,见一仙人,毛发深长,便欲射之。傍人语言:"何故射之?此人无害,当治有过。"

世间愚人亦复如是,为彼虽着法服无道行者之所骂辱,而滥害良善有德之人,喻如彼父,熊伤其子,而枉加神仙。

注释

① 耽𣯶：毛极长貌。

译文

曾有父子俩与伙伴同行。儿子入林，被熊咬了，抓伤了身体，急忽忽逃出森林来，回到伙伴们身边。父亲见儿子身体受了伤，惊讶地问："你怎么会遭受这种伤害？"儿子告诉父亲："有一种东西，身上的毛长长的，来毁害我。"父亲便执取弓箭，到林间去，见及一位仙人，毛发长长的，便挽弓欲射。旁人说道："为何射他呢？这人从不伤害任何众生，应该去惩治那伤人的。"

世上的蠢人也是这样，受了那虽身着法服而没有道行的人的辱骂，便去滥害善良而有德行的人。就好比那位父亲，熊咬伤了他的儿子，而去随意加害于仙人。

82　比种田喻

原典

昔有野人,来至田里,见好麦苗,生长郁茂,问麦主言:"云何能令是麦茂好?"其主答言:"平治其地,兼加粪水,故得如是。"彼人即便依法用之,即以水粪调和其田,下种于地。畏其自脚蹋地令坚其麦不生,我当坐一床上使人舆之于上散种,尔乃好耳。即使四人,人擎一脚至田散种。地坚愈甚,为人嗤笑。恐己二足,更增八足。

凡夫之人亦复如是,既修戒田,善芽将生,应当师谘受行教诫,令法芽生,而反违犯,多作诸恶,便使戒芽不生,喻如彼人畏其二足,倒加其八。

译文

　　从前有位农夫,来到一块田边,只见一片好麦苗,生长郁茂,便问主人道:"怎么能使这麦子长势旺盛?"主人答道:"把地整治得平平松松,又施上粪水,就这样旺了。"这人就依照着方法来用,将粪水均匀地施在田里,要撒下种子,却怕自己的脚蹋在田地里会使它坚硬,而使麦子长不出来,想着,我应坐在坐床上,叫人抬着,我在上面撒种,这才好呢。就让四个人每人擎起坐床的一脚,到田里撒种去。地踩得更板实了,为人嗤笑。怕自己两足把地踩实了,更添上八足以防止坚硬。

　　凡夫俗子也是这样,既修行了禁戒这块田地,善芽即将萌生,应当咨询良师,以便受行他的教诫,让法芽生长旺盛,却反而违犯了禁戒,多做了许多恶行,使得戒芽无法生长。就如那人怕自己的两只脚会把地踩硬,反倒添了八只。

83　猕猴喻

原典

昔有一猕猴,为大人所打,不能奈何,反怨小儿。

凡夫愚人亦复如是,先所嗔人,代谢不停,灭在过去。乃于相续后生之法,谓是前者,妄生嗔念,毒恚弥深,如彼痴猴,为大人所打,反嗔小儿。

译文

曾有一头猕猴,被大人打了,没有办法,反而把怨气出在小儿身上。

凡夫愚人也是这样,先前所嗔怨的人,岁月更迭不停之中,已在过去死了。对于相续后生者,以为是前人的延伸，就凭空生出嗔怒之念来，恶毒的愤恚之气转而愈加深浓了，就像那只痴猴，被大人打了，反而泄怒在小儿身上。

84　月蚀打狗喻

原典

昔阿修罗①王见日月明净,以手障之。无智常人,狗无罪咎,横加于恶。

凡夫亦尔,贪嗔愚痴,横苦其身,卧棘刺上,五热炙身②,如彼月蚀,枉横打狗。

注释

① 阿修罗:六道之一、八部众之一、十界之一。印度最古诸神之一,系属战斗一类之鬼神,经常被视为恶神,而与帝释天争斗不休,致出现修罗场、修罗战等名词。

② 五热炙身:古印度外道苦行之一。即曝晒于烈

日之下，而于身体四方燃火之苦行。行此苦行之外道，即称五热炙身外道。

译文

从前阿修罗王见日月明净，就伸手将它遮障住，于是日月就蚀了。无知的人以为是天狗把月吃了去，出于直觉的反应，就逐狗而打，其实狗没有罪咎，是人把恶横加在它身上。

凡夫也是这样，贪欲、嗔恚、愚痴，却让自己的身体平白地受苦行的折磨，卧在荆棘的刺上，身体用火来烤，就好像月亮蚀了，平白无故地打狗一样。

源流

《楼炭经》卷五：阿修伦天王名罗呼，其体高二万八千里，以月十五日立海中央，海水裁（才）至其齐（肚脐），低头窥须弥罗宝泰山及四方上镇，以指覆日月，天下晦暝，或覆日，以昼为夜，所谓日月蚀，时厄光明也。

《长阿含经》卷二十：有大阿修罗王名曰罗呵……月十五日入海中央化其形体，下水着齐，上窥须弥，指覆日月。日月天子见其丑形，皆大恐惧，无复光明。

游瞩之时，有自然风，吹门开闭，吹地令净，吹华分散……忽自念言：我有威德神力如是，而置忉利王及日月诸天行我头上。誓取日月，以为耳珰。渐大嗔忿，加欲捶之。（参见《大正藏》第五十三册第二三八至二三九页）

85　妇女患眼痛喻

原典

昔有一女人极患眼痛。有知识女人问言："汝眼痛耶?"答言："眼痛!"彼女复言："有眼必痛。我虽未痛，并欲挑眼，恐其后痛。"傍人语言："眼若在者，或痛、不痛；眼若无者，终身长痛。"

凡愚之人亦复如是，闻富贵者衰患之本，畏，不布施，恐后得报，财物殷溢，重受苦恼。有人语言："汝若施者，或苦或乐；若不施者，贫穷大苦。"如彼女人，不忍近痛，便欲去眼，乃为长痛。

译文

曾有一个女人，眼痛得厉害。一位自认有知识的女人问道:"你眼睛痛吗?"她答道:"眼痛呵!"那女人又说:"有眼必定要痛。我如今虽然不痛,却想把眼都挑了,以防止它以后痛。"旁人说道:"眼若是在嘛,或痛,或不痛;眼若是没有了,便会终身长痛。"

  凡夫愚人也是这样,听说富贵是衰败患难的源头,就畏惧了,索性就不布施了。害怕若是布施的话,以后得了果报,财物越发殷实丰裕起来,那么衰败患难的源头也越发活活而来,肯定更重地受苦恼了。有人说道:"你若是布施的话,或苦或乐;若是不布施的话,则贫穷大苦。"就像那个女人忍不了短暂的痛,便想挑掉双眼,那才是长痛了。

86　父取儿耳珰喻

|原典|

昔有父子二人缘事共行，路贼卒起，欲来剥之。其儿耳中有真金珰，其父见贼卒发，畏失耳珰，即便以手挽之，耳不时决，为耳珰故，便斩儿头。须臾之间，贼便弃去。还以儿头着以肩上，不可平复。如是愚人，为世间所笑。

凡夫之人亦复如是，为名利故，造作戏论，言二世有二世无，中阴①有中阴无，心数法有心数法无，种种妄想，不得法实。他人以如法论破其所论，便言我论中都无是说。如是愚人，为小名利，便故妄语，丧沙门道果，身坏命终，堕三恶道，如彼愚人，为少利故，斩其儿头。

注释

① **中阴**：梵语 Antarā-bhava，又译作中有、中蕴、中阴有。指人自死亡至再次受生期间之识身。据《俱舍论》卷十载，"中有"，即前世死之瞬间（死有）至次世受生之刹那（生有）的中间时期。此"中有身"即"识身"之存在，乃由意所生之化生身，非由精血等外缘所成，故又称为意生身；且专食香以资养其身，故称健达缚；又常希求、寻察次世当生之处，故称为求生；又因其为本有坏后，于次生之间暂时而起，故又称为起。中有之身，唯于欲、色二界受生者有之，于无色界受生者则无此身。

又据《俱舍论》卷九载，中有身由极微细之物质所构成，其当生之趣由业所引，故其形量与所趣之本有的形状相似。此中，欲界中有之形量，如五六岁之小儿，然诸根明利；菩萨之中有如盛年时，其形量周圆具诸相好，若入胎时，照百俱胝之四大洲等；色界中有之形量，则圆满如本有，且由惭愧心之故，与衣俱生。菩萨之中有亦与衣俱生。又此中有身因极细微，故仅同类可相见，然若修得极净天眼者亦能得见。

译文

从前有父子二人因事同行，拦路抢劫的强盗突然出现了,想来夺取他们的财物。儿子耳中戴着真金耳环,父亲见强盗飙忽而来,怕失了耳环,就用手去牵拉它,耳朵一时拉断不了。为了耳环的缘故,就斩下了儿子的头。须臾之间,强盗离弃而去了。回去把儿子的头重新安到肩上去,但已无法接平复原了。这样的愚人,被世人嗤笑。

凡夫之人也是这样,为了名利的缘故,写出一些不能增进善法而无意义的论来,肆口说现世、后世这二世有或二世无;前世死的刹那至再次受生的刹那,这中间时期的有或无;受想思等法有或无,种种妄想的论调,无法探得佛法的真实。别人以按照佛陀所说的教法来破斥他的戏论,便说我论中都没有这等观念。这样的愚人,为了小名利,就特意说妄语,丧失沙门应修证的道果,身坏命终之后,堕于三恶道中。就像那个愚人,为了一点点利,就斩去了儿子的头。

源流

《三慧经》:山中揭鸟,尾有长毛,毛有所着,便不敢复去,爱之恐拔,覆为猎者所得,身为分散,而为一毛故。(《大正藏》第十七册第七〇三页)

87 劫盗分财喻

原典

昔有群贼共行劫盗,多取财物,即共分之。等以为分,唯有鹿野钦婆罗①色不纯好,以为下分,与最劣者。下劣者得之恚恨,谓呼大失。至城卖之,诸贵长者多与其价,一人所得倍于众伴,方乃欢喜,踊悦无量。

犹如世人不知布施有报无报,而行少施,得生天上,受无量乐,方更悔恨,悔不广施,如钦婆罗后得大价,乃生欢喜。施亦如是,少作多得,尔乃自庆,恨不益为。

注释

① **钦婆罗**:梵文 Kambala,是细羊毛织的衣服,一般为外道所穿。

译文

从前有群贼一道行劫，抢来许多财物，就共同分了。其他都是多少一样地平分，只有鹿野出的钦婆罗衣颜色不是很好，就列为下等物，给最劣的贼。那下劣者得了，恚恨不已，叹说道不公平、不合算。拿到城里去卖，许多富贵长者给了他很高的价钱，一人所得数倍于其他伙伴，方才大欢喜。

就好比世人不知道布施到底是有报还是无报，便稍稍行了点布施，结果得以生于天上，享受到无量的欢乐，方才悔恨起来，后悔不广行布施，犹如钦婆罗衣后来卖得大价钱，才开始高兴起来。布施也是这样，少施多得，方自我庆幸起来，后又悔恨不多做一点。

源流

《众经撰杂譬喻经》卷下第二十八则：昔有导师入海采宝。时有五百人追之共行。导师谓曰："海中有五难：一者激流，二者洄波，三者大鱼，四者女鬼，五者醉果。能度此难，乃可共行。"众人要讫，乘风入海，到宝渚，各行采宝。一人不胜果香，食之，一醉七日。众人宝足，帆风已到，欲严还出，鸣鼓集人，一人不满，四布求之，见卧树下，醉未曾醒。共扶来还，折树枝拄之，共归还国。

家门闻喜，悉来迎逆。醉者见无所得，独甚愁戚。醉人不乐，拄杖入市，市人求价，乃至二万两金，其人与之。问："杖有何德？"曰："此为树宝，捣烧此杖，熏诸瓦石，悉成珍宝。"（《大正藏》第四册第五三八页）

《诸经中要事》：昔有贫寒孤独老公，家无自业，遇市一斧，是众宝之英，而不识之，持行斫株，卖之以供微命。用斧欲尽，会见外国治生大估客，名曰萨薄，见斧识之，便问老公："卖此斧不？"老公言："我仰此斧活，不卖。"萨薄复言："与公绢百匹，何以不卖？"公不应和。萨薄复言："与公二百匹。"公便怅然不乐。萨薄复言："嫌少当益，公何以不乐？与五百匹。"公便大啼哭。萨薄复问公："绢少当益，何以啼哭？"公言："我不恨绢少，恨我愚痴。此斧本长尺半，斫地以尽，余有五寸，犹得五百匹绢，是以为恨耳。"萨薄复言："勿有遗恨，今与公千匹绢。"即便破券持去，薪火烧之，尽成贵宝。（转引自《经律异相》卷四十四，《大正藏》第五十三册第二三三页）

88　猕猴把豆喻

原典

昔有一猕猴，持一把豆，误落一豆在地，便舍手中豆，欲觅其一。未得一豆，先所舍者，鸡鸭食尽。

凡夫出家亦复如是，初毁一戒而不能悔，以不悔故，放逸滋蔓，一切都舍，如彼猕猴，失其一豆，一切都弃。

译文

曾有一只猕猴，手持一把豆，误落一豆在地，便舍下手中豆，想找到失落的那一粒豆。那一粒豆没找到，先前舍下的，都被鸡鸭吃光了。

凡夫出家也有相类似的情形，初先破毁了一戒，却不加以忏悔，不忏悔的缘故，便放逸了，破毁就滋蔓开来，一切戒律都舍弃了，就像那只猕猴一样，失了一粒豆，便舍弃了一把。

源流

《旧杂譬喻经》卷上：昔有妇人，富有金银，与男子交通，尽取金银、衣物相逐俱去。到一急水河边，男子语言："汝持财物来，我先度之，当还迎汝。"男子度已，便走不还。妇人独住水边，忧苦无人可救。唯见一野狐，捕得一鹰，复见河鱼，舍鹰拾鱼。鱼既不得，复失本鹰。妇语狐曰："汝何太痴，贪捕其两，不得其一。"狐言："我痴尚可，汝痴剧我也。"（《大正藏》第四册第五一四页）

89　得金鼠狼喻

原典

昔有一人，在路而行，道中得一金鼠狼，心生喜踊，持置怀中，涉道而进。至水欲渡，脱衣置地，寻时金鼠变为毒蛇。此人深思，宁为毒蛇螫杀，要当怀去。心至冥感，还化为金。傍边愚人见其毒蛇变成真宝，谓为恒尔，复取毒蛇内着怀里，即为毒蛇之所蜇螫，丧身殒命。

世间愚人亦复如是，见善获利，内无真心，但为利养来附于法，命终之后，堕于恶处，如捉毒蛇，被螫而死。

译文

  曾有一人,走在路上,途中拾得一只金鼠狼,兴奋不已,放在怀中,继续跋涉前行。到了水边,想渡过去,脱下衣来,置于地上,转眼间金鼠狼变成了毒蛇。这人考虑了好一会儿,决定宁可让毒蛇螫杀,也要怀它渡河。精诚所至,冥冥中有了感应,毒蛇又化为金鼠狼。旁边的愚人见毒蛇变成了真宝,以为是必然的事实,也拿了毒蛇放在怀里,立即就被毒蛇咬了,丧身殒命。

  世间的愚人就是这样,见行善获得果报,就只为了利养,来依附于正法,内中并不具真心,命终之后,便堕入于恶道,如捉了毒蛇,被咬而死一样。

90　地得金钱喻

原典

昔有贫人,在路而行,道中偶得一囊金钱,心大喜跃,即便数之。数未能周,金主忽至,尽还夺钱。其人当时悔不疾去,懊恼之情,甚为极苦。

遇佛法者亦复如是,虽得值遇三宝福田,不勤方便修行善业,忽尔命终,堕三恶道,如彼愚人,还为其主夺钱而去。如偈所说:

今日营此业,明日造彼事,
乐着不观苦,不觉死贼至。
匆匆营众务,凡人无不尔,
如彼数金钱,其事亦如是。

译文

　　曾有一个穷人，在路上走着，路途中偶然拾得一囊金钱，心中大喜，随即一一点数起来。还没能数完，失主忽然寻找过来，把钱全都夺了回去。这人当时后悔没有快快离去，懊恼的心情，使他十分痛苦不堪承受。

　　值遇上佛法的人也是这样，虽是遇见了三宝福田，然而不精勤方便修行善业的话，有朝一日忽然命终了，便堕入于三恶道中，就像那个愚人一样，还被失主夺了钱去。如偈所说：

　　今日造这个业，明日做那桩事，

　　执着于快乐不思索一下苦，不知不觉死贼来抢了命去。

　　急匆匆做这做那，凡夫众生人人这样，

　　就像那愚人埋头数金钱，空欢喜一场，所得到的金钱转眼间又失去了。

91　贫人欲与富者等财物喻

原典

昔有一贫人,少有财物,见大富者,意欲共等。不能等故,虽有少财,欲弃水中。傍人语言:"此物虽鲜,可得延君性命数日,何故舍弃掷着水中?"

世间愚人亦复如是,虽得出家,少得利养,心有希望,常怀不足,不能得与高德者等获其利养,见他宿旧有德之人素有多闻,多众供养,意欲等之。不能等故,心怀忧苦,便欲罢道,如彼愚人欲等富者,自弃己财。

译文

从前有个穷人,稍微有点财物,见了大富翁,便想与他们的财产一样多。由于做不到这点,虽是有那么一点财产，也想丢弃到水中去。旁人说道："这些财物虽少，也可养活你数日，为何无端端要舍弃扔到水中去呢？"

世上的愚人也是这样，虽然出了家，得了一点利养，可是心中常存着奢望，对不能与年高德重的人获得同样的利养，觉得不满足；见那些宿旧有德的人学问修养很好，得到众多的供养，便想与他们等同。因为做不到，心中就怀着忧苦，打算不再修持佛法了，就像那个愚人无法与富翁相比，便想丢弃自己的财物。

92　小儿得欢喜丸喻

原典

昔有一乳母抱儿涉路，行道疲极，眠睡不觉。时有一人持欢喜丸授与小儿。小儿得已，贪其美味，不顾身物。此人即时解其钳镊璎珞衣物，都尽持去。

比丘亦尔，乐在众务愦闹之处贪少利养，为烦恼贼夺其功德、戒宝、璎珞，如彼小儿贪少味故，一切所有，贼尽持去。

译文

从前有一个乳母抱着小儿赶路，走得累极了，沉沉地睡去。这时有人拿欢喜丸送给小儿。小儿伸手接住，贪着它的美味，对身上的东西就不管了。这人立即把小孩所挂的项圈、璎珞、衣物都解下拿走了。

比丘也是这样，喜欢在熙攘热闹的地方贪得一点儿利养，被烦恼贼夺走了他原有的功德、戒宝、璎珞，就如那个小儿贪着一点儿美味的缘故，身上一切都被贼拿去了。

源流

《佛说四十二章经》：财色之于人，譬如小儿贪刀刃之蜜，甜不足一食之美，然有截舌之患也。（《大正藏》第十七册第七二三页）

《无明罗刹经》：如蝇堕蜜，得味甚寡，所失甚多。（《大正藏》第十六册第八五四页）

《大庄严经论》卷七：譬如婴孩者，捉火欲食之，如鱼吞钩饵，如鸟网所覆，诸兽坠阱陷，皆由贪味故。（《中华大藏经》第二十九册第六六四页）

93　老母捉熊喻

原典

昔有一老母在树下卧，熊欲来搏。尔时老母绕树走避，熊寻后逐，一手抱树，欲捉老母。老母得急，即时合树捺熊两手，熊不得动。更有异人来至其所，老母语言："汝共我捉，杀分其肉。"时彼人者信老母语，即时共捉。既捉之已，老母即便舍熊而走。其人于后为熊所困。如是愚人，为世所笑。

凡夫之人亦复如此，作诸异论，既不善好，文辞繁重，多有诸病，竟不成讫，便舍终亡。后人捉之，欲为解释，不达其意，反为所困，如彼愚人代他捉熊反自被害。

译文

曾有一位老妇在树下卧息，一头熊想来抓搏她。这时老妇绕树逃避，熊随即在后面追逐，并且一手抱住树，另一手去捉老妇。老妇急了，赶忙缘树揿住那只伸过来的手，与原先抱着的那只一道都按捺在树上，熊就这样合抱着树，动弹不了。又有另外一个人来到这儿，老妇说道："你帮我一道捉住它，杀了，肉大家平分。"那人信了老妇的话，就上来帮着捉住。待捉定了，老妇即刻舍熊而走，那人后来就被熊困住了。这样的愚人，遭到世人的嗤笑。

凡夫之人也是这样，作了一些不合正理的论说，并不完善周密，文辞也烦冗重赘，有着诸多毛病，还没写完杀青，便舍下死去了。后人阅读了，想替它作解释，却无法明达它的意旨，反而被这论说困住了，就如那个愚人代别人捉熊自己反被殃害一样。

94　摩尼水窦喻

原典

昔有一人，与他妇通。交通未竟，夫从外来，即便觉之，住于门外，伺其出时，便欲杀害。妇语人言："我夫已觉，更无出处，唯有摩尼①可以得出。"欲令其人从水窦出。其人错解谓摩尼珠，所在求觅，而不知处。即作是言："不见摩尼珠，我终不去。"须臾之间，为其所杀。

凡夫之人亦复如是，有人语言："生死之中，无常苦空无我，离断、常二边，处于中道，于此中道，可得解脱。"凡夫错解，便求世界有边无边及以众生有我无我，竟不能观中道之理，忽然命终，为于无常之所杀害，堕三恶道，如彼愚人推求摩尼，为他所害。

注释

① 摩尼：《丽藏》原注："摩尼者，齐云水窦孔也。"除了水窦孔这一意义之外，还是珠的一种名称，这种宝珠出自龙王的脑中，人若是得了这珠，毒就不能害，入火也不怕烧。那人显然理解作后面这一种意义，想凭恃此珠免害，所以说不见此终不去。

译文

曾有一人，与他人妻子私通。奸事未毕，丈夫从外面回来，随即察觉了，便停在门外，准备候他出来之际，一下杀了他。妇人便对他说："我丈夫已察觉了，再没有别的出处好走，只有摩尼才可以出得去。"这是叫他从水洞中钻出去。这人误解为摩尼珠，就到处寻觅，却毫无踪影。就说："找不到摩尼珠，我终究无法离去的。"不一会儿，就被那丈夫杀了。

凡夫之人也是这样，有人说："生死轮回之中，没有永恒的实体存在。身心遭受烦恼的缠缚，一切事物都依赖于因缘而存在，自身并没有本质的恒常性，因而人也没有起着主宰作用的自我或灵魂。也就是说，无常是苦，而苦是空、无我的，所以应离弃绝对断灭不续、绝对永恒不变这两种片面性，处于不断不常的中道。在这中道中，就能得到解脱，不受生死的缠缚。"凡夫误解了这话，便推求世界有边际还是无边际，众生有我还是无我，始终不能系念思察中道之理，忽然命终了，遭了无常的杀害，堕于三恶道中，就像那个愚人，四处推求摩尼珠，被他人杀害一样。

95　二鸽喻

原典

昔有雄雌二鸽，共同一巢。秋果熟时，取果满巢。于其后时，果干减少，唯半巢在。雄嗔雌言："取果勤苦，汝独食之，唯有半在。"雌鸽答言："我不独食，果自减少。"雄鸽不信，嗔恚而言："非汝独食，何由减少？"即便以觜啄雌鸽杀。未经几日，天降大雨，果得湿润，还复如故。雄鸽见已，方生悔恨："彼实不食，我妄杀他。"即悲鸣命唤雌鸽："汝何处去？"

凡夫之人亦复如是，颠倒在怀，妄取欲乐，不观无常，犯于重禁，悔之于后，竟何所及，后唯悲叹，如彼愚鸽。

译文

曾有雌雄两只鸽子，同住在一个巢里。秋天果子熟时，叼取了满满一巢。后来，果子干缩，只成半巢了。雄鸽训责雌鸽道："叼来果子，辛勤劳苦，你独自偷吃，只剩一半。"雌鸽答道："我没偷吃，果子自己减少下去的。"雄鸽不信，怒道："不是你独自吃了，怎么会减少？"就啄杀了雌鸽。没过几日，天降大雨，果子受了湿润，又恢复到原先的一巢。雄鸽见了，方悔恨起来："她的确没吃，我错杀了她。"便悲鸣着叫唤雌鸽："你哪儿去了？"

凡夫之人也是这样，心中存着是非颠倒的观念，迷执地追求五欲的快乐，不系心思观察事物的流动变迁，犯了杀、盗、淫、妄之类重大禁戒，后来悔恨了，毕竟已无可挽回，只有悲叹不已，如那只愚鸽一般。

96　诈称眼盲喻

原典

昔有工匠师，为王作务，不堪其苦，诈言眼盲，便得脱苦。有余作师闻之，便欲自坏其目，用避苦役。有人语言："汝何以自毁，徒受其苦？"如是愚人，为世人所笑。

凡夫之人亦复如是，为少名誉及以利养，便故妄语，毁坏净戒，身死命终堕三恶道，如彼愚人，为少利故，自坏其目。

译文

从前有位工匠师傅，为国王做劳务，不能堪忍其苦，便谎称眼盲，就推掉了这份苦差役。其他的工匠听说了，便想把自己的眼睛弄坏，来避开苦役。有人说："你们何必自毁呢？白白地受眼瞎的苦。"这样的愚人，为世人所笑。

凡夫之人也是这样，为了一点点名誉及利养，便有意说谎，毁坏了净戒，身死命终后，堕于三恶道中，就像那些愚人，为了一点点益处，便想毁坏自己的眼睛。

97　为恶贼所劫失氎喻

原典

昔有二人为伴共行旷野。一人被一领氎,中路为贼所剥,一人逃避,走入草中。其失氎者先于氎头裹一金钱,便语贼言:"此衣适可直一枚金钱,我今求以一枚金钱而用赎之。"贼言:"金钱今在何处?"即便氎头解取示之,而语贼言:"此是真金,若不信我语,今此草中有好金师,可往问之。"贼既见之,复取其衣。如是愚人,氎与金钱,一切都失,自失其利,复使彼失。

凡夫之人亦复如是,修行道品,作诸功德,为烦恼贼之所劫掠,失其善法,丧诸功德,不但自失其利,复使余人失其道业,身坏命终堕三恶道,如彼愚人,彼此都失。

译文

曾有两人结伴共行于旷野之中。一人穿着一件木棉布衣，途中被劫贼抢剥掉了，另一人逃开，躲入了草丛中。那被抢者先前曾在衣领里裹藏了一枚金钱，便对贼说："这衣裳恰好值一枚金钱，我现在想用一枚金钱来赎回去。"贼问："金钱在哪儿？"这人就从衣领中解取出来给他看，并说："这是真金，你若是不信我说的，如今这草中有位好金匠，可去问他。"贼见了草丛中的人，也把那人的衣裳抢去了。这种愚人，衣裳和金钱都失却了，还让别人也遭劫。

凡夫之人也是这样，修行各类道法，做种种功德，一旦遭到烦恼贼的劫掠，丧失了善法和种种功德，不但自身失掉了功德利益，还使他人也失掉了道业，身坏命终后堕于三恶道中，如那愚人一样，使得大家都遭致劫掠。

98　小儿得大龟喻

原典

昔有一小儿,陆地游戏,得一大龟,意欲杀之,不知方便,而问人言:"云何得杀?"有人语言:"汝但掷置水中,即时可杀。"尔时小儿信其语故,即掷水中。龟得水已,即便走去。

凡夫之人亦复如是,欲守护六根,修诸功德,不解方便,而问人言:"作何因缘而得解脱?"邪见外道、天魔波旬[①]及恶知识而语之言:"汝但极意六尘,恣情五欲,如我语者,必得解脱。"如是愚人,不谛思维,便用其语,身坏命终堕三恶道,如彼小儿掷龟水中。

注释

①**波旬**：恶魔名，是欲界第六天的魔王。波旬意译为杀者、恶者，因为他常想断灭人寻求佛法的智慧之命，劝人作恶弃善。

译文

曾有一个小儿，在陆地游戏，得了一只大龟，想杀掉它，却不知怎样下手，便问人道："怎么才能杀掉呢？"有人告诉他："你只要掷入水中去，立刻就可杀死。"当时小儿信了他的话，就掷入水中。龟得了水，便游走而去。

凡夫之人也是这样，想守护眼、耳、鼻、舌、身、意这六根，修行种种功德，不知如何入手，便问人道："做什么样相生相助的事情才能解脱呢？"邪见外道、天魔波旬及坏朋友恶导师就对他说："你只要纵意于色、声、香、味、触、法六尘，恣情于财、色、名、食、睡五欲，照我的话去做，必定能得解脱。"不好好想想，就依了他的话去施行，这样的愚人身坏命终后就堕于三恶道，就像那小儿将龟掷于水中一般，杀不死，反而跑了，这愚人纵意恣情，得不了解脱，反堕入恶涂。

解说

持因中无果的断见,在修行实践中形成截然相异的两派,一是苦行,坐卧于荆棘之上,盛夏之日,五热炙身;冬节,冻冰亲体。另一便是恣情极意地行乐,以顺世论派为代表。十一世纪克里希那弥湿罗的《觉月初升》一剧对此有生动的表现,今摘引如下,以便读者了解《百喻经》所反对的思想的一些背景,其中遮伐加(Carvaka)是顺世论派的倡导人。

(大痴王率随从前呼后拥上)

大痴王:(笑)啊!这些愚蠢的人真是荒唐啊!

离开身体有灵魂,

另一世界去享福;

好比盼望空中树,

开花结果甜蜜蜜。

这个世界就是被那些骗子用自己捏造的东西欺骗了。

多少信徒满嘴胡说不存在的东西,

责备讲真话的不信者,毕竟是枉然;肉体毁灭后,

变化出来的纯精神的灵魂再单独出现,有谁真的看见?

(想一想,用称赞口气)唯有顺世派才算是经典

理论。

他们只承认感觉是知识的来源,地、水、火、风是元素,

利和欲是人生的目的,只有元素起意识作用,

没有另一世界,死亡就是解脱。

我们的这种意思,由于主编订了传给遮伐加,他又传给了一代又一代弟子,成为在世间广泛传播的经典。

(遮伐加率弟子上)

遮伐加:孩子!你要知道,只有政治(刑法)才是学问;其中包括了经济(利论)。三部《吠陀》经典是骗子的胡说八道,并没有升天的特殊方法。

若说杀掉的牲畜死了能够上天庭,

那么为何祭祀者不肯去杀他父亲?

假如死去的人能由祭品得饱餐,

那么灭了的灯加油还能冒火焰?

弟子:老师!如果吃喝就是一个人的最高目的,那么这些修道圣贤为什么要放弃世间乐趣,用种种极严厉的苦行,如十二天绝食,三日一餐,吃牛粪、牛尿、牛奶、酸牛奶的拌合物等来折磨自己呢?

遮伐加:这些被骗子编造的经典所迷惑的傻瓜,妄想用希望中的甜食获得饱餐啊!

弟子:老师!圣贤们还说,世间欢乐都混杂着苦

恼,所以应当放弃。

　　遮伐加:(笑)啊!这正是那些畜牲的愚蠢的表现。

　　人们接触外界对象产生的欢乐,

　　因为连系着痛苦就应当抛去,

　　这是蠢人的考虑。

　　请问有哪个求利益的人,

　　会因为有壳子和灰尘,

　　愿把满装白米的稻谷放弃?

　　(引自金克木的《印度文化论集》,中国社会科学出版社一九八三年,一六二——一六四页)

　　顺世派所攻击的主要是苦行派和婆罗门的思想。

偈颂

原典

此论我所造，和合喜笑语。
多①损正实说，观义应不应。
如似苦毒②药，和合于石蜜，
药为破坏病，此论亦如是。
正法中戏笑，譬如彼狂药，
佛正法寂定，明照于世间；
如服吐下药，以酥润体中，
我今以此义，显法于寂定。
如阿伽陀③药，树叶而裹之，
取药涂毒竟，树叶还弃之；
戏笑如叶裹，实义在其中，

智者取正义，戏笑便应弃。

尊者僧伽斯那造作《痴华鬘》竟。

注释

① **多**：有助益。
② **毒**：极、很，修饰前面的苦。
③ **阿伽陀**：梵文 Agada，意为普去（众疾），又意为无价，是说这药功效好，去众病，价值无量。

译文

这部论是我所作的，和合了好笑的故事。
故事对正义实义的宣说是有益还是有损，
这要看它与正义实义是相应还是不相应。
就好比是极苦的药，和合了甜蜜的乳糖，
药用来除去坏毛病，这部论也派上用场。
正法中掺和的戏笑，譬如令人摇扬的药，
佛的正法却是寂定，静宁之火明照世间；
又譬如服吐秽的药，过后用酥润调体中，
我如今也用这方法，寂定时方显示真理。
好比阿伽陀万灵药，先用树叶来包裹好，
取药涂在毒疮上后，树叶就可以抛弃了；

戏笑如裹药的树叶，实义妙药就在其中，

有智者吸取了正义，戏笑便应该抛舍去。

尊者僧伽斯那《痴人痴事喻道故事集》编集毕。

解说

此偈颂述说了好笑的故事的作用和人们对之应持的态度。《百喻经》大抵从攻击、反对的立场来立论，是用来破除坏病的。为了使这药易于入口，便和合了一连串引人入胜的故事，读者品尝了，不免哈哈大笑，心意散乱摇扬开来。然而此经的意图是要人们脱离妄心妄想，专静于一，系心思察其中的道理，静定的灯火，方照物了然。

又，说了这些痴人痴事，一如将腹中致病的败物吐了出来，为了调理身体，就需要用酥、用真理来滋补一下。当然，这是在寂定之时，在心如明镜之际，滋补最为有效，真理显现得最为清晰。好笑的故事终究是权，是方便，是向彼岸行进的筏，一旦目的达到，即应舍弃，不可执着。

参考书目

1.《长阿含经》 后秦弘始年佛陀耶舍共竺佛念译 《中华大藏经》第三十一册 北京中华书局一九八七年版

2.《中阿含经》 东晋罽宾三藏瞿昙僧伽提婆译 《中华大藏经》第三十一册

3.《杂阿含经》 宋天竺三藏求那跋陀罗译 《中华大藏经》第三十三册一九八八年

4.《杂譬喻经》 失译人名 《大正藏》第四册

5.《旧杂譬喻经》 吴康僧会译 同上

6.《杂譬喻经》 比丘道略集 姚秦鸠摩罗什译 同上

7.《众经撰杂譬喻经》 比丘道略集 姚秦鸠摩罗什译 同上

8.《法句譬喻经》 西晋法炬共法立译 同上

9.《杂宝藏经》 元魏西域沙门吉迦夜共昙曜译 同上

10.《大正句王经》 宋中印土沙门法贤译 同上

11.《妙法莲华经》 姚秦天竺沙门鸠摩罗什译 《大正藏》第九册

12.《注维摩诘经》 后秦僧肇撰 《大正藏》第三十八册

13.《楞严经》 唐般剌蜜帝译 《大正藏》第十九册

14.《三慧经》 失译人名 《大正藏》第十七册

15.《佛说四十二章经》《大正藏》第十七册

16.《无明罗刹经》《大正藏》第十六册

17.《央崛摩罗经》 刘宋中天竺沙门求那跋陀罗译 《中华大藏经》第二十三册

18.《菩萨善戒经》 刘宋中天竺沙门求那跋摩等译 《大正藏》第三十册

19.《根本说一切有部百一羯磨》 唐大荐福寺沙门释义净译 《大正藏》第二十四册

20.《大智度论》 龙树菩萨造 姚秦天竺沙门鸠摩罗什译 《大正藏》第二十五册

21.《大毗婆沙论》 唐玉华寺沙门释玄奘译 《大正藏》第二十七册

22.《大庄严经论》 马鸣菩萨造 姚秦天竺沙门鸠

摩罗什译 《大正藏》第二十九册

23.《菩提资粮论》 龙树菩萨造 自在比丘释隋达摩笈多译 《中华大藏经》第二十九册

24.《外道小乘四宗论》 提婆菩萨造 后魏北天竺沙门菩提流支译 《中华大藏经》第三十册

25.《弘明集》 梁僧祐撰 《大正藏》第五十二册

26.《高僧传》 梁慧皎撰 《大正藏》第五十册

27.《经律异相》 梁僧旻、宝唱等撰 《大正藏》第五十三册

28.《法苑珠林》 唐道世撰 《大正藏》第五十三册

29.《出三藏记集》 梁僧祐撰 《大正藏》第五十五册

30.《一切经音义》 唐玄应撰 《中华大藏经》第六十七册

31.《一切经音义》 唐慧琳撰 《大正藏》第五十四册

32.《翻译名义集》 南宋法云撰 《大正藏》第五十四册

33.《三藏法数》 明一如等撰 上海医学书局一九二三年版

34.《法显传校注》 东晋释法显原著 章巽校注 上海古籍出版社一九八五年版

35.《大唐西域记校注》 唐玄奘、辩机原著 季羡林等校注 北京中华书局一九八五年版

36.《印度佛学源流略讲》 吕澂著 上海人民出版社一九七九年版

37.《印度哲学史略》 汤用彤著 北京中华书局一九八八年版

38.《印度文化论集》 金克木著 中国社会科学出版社一九八三年版

39.《季羡林学术论著自选集》 季羡林著 北京师范学院出版社一九九一年版

40.《顺世论》 印度德恰托巴底亚耶著 王世安译 北京商务印书馆一九九二年版

41.《庄子》 浙江书局本

42.《列子》 同上

43.《吕氏春秋》 同上

44.《启颜录》 唐开元敦煌写本残卷

45.《太平广记》 宋李昉等撰 北京中华书局一九六一年版

46.《历代笑话集》 王利器撰 上海古籍出版社一九八一年版

出版后记

星云大师说："我童年出家的栖霞寺里面，有一座庄严的藏经楼，楼上收藏佛经，楼下是法堂，平常如同圣地一般，戒备森严，不准亲近一步。后来好不容易有机缘进到藏经楼，见到那些经书，大都是木刻本，既没有分段也没有标点，有如天书，当然我是看不懂的。"大师忧心《大藏经》卷帙浩繁，又藏于深山宝刹，平常百姓只能望藏兴叹；藏海无边，文辞古朴，亦让人望文却步。在大师倡导主持下，集合两岸近百位学者，经五年之努力，终于编修了这部多层次、多角度、全面反映佛教文化的白话精华大藏经——《中国佛教经典宝藏》，将佛教深睿的奥义妙法通俗地再现今世，为现代人提供学佛求法的方便途径。

完整地引进《中国佛教经典宝藏》是我们的夙愿，

三年来，我们组织了简体字版的编审委员会，编订了详细精当的《编辑手册》，吸收了近二十年来佛学研究的新成果，对整套丛书重新编审编校。需要说明的是此次出版将丛书名更改为《中国佛学经典宝藏》。

佛曰：一旦起心动念，也就有了因果。三年的不懈努力，终于功德圆满。一百三十二册，精校精勘，美轮美奂。翰墨书香，融入经藏智慧；典雅庄严，裹沁着玄妙法门。我们相信，大师与经藏的智慧一定能普应于世，济助众生。

东方出版社